中等职业教育汽车类专业系列教材

汽车文化

（第二版）

主　编　张志强　程绪德
副主编　武　莉　胡华平　唐艺月
　　　　程洪良
编　者　肖　丽　达贵纯　李中彬
　　　　邓　庆　桂　琳　郑　杰
　　　　付芳芳
主　审　富丽娟　谢云峰

重庆大学出版社

内容简介

本书通过对汽车的基本知识、汽车起源与发展、未来汽车发展方向、世界主要汽车生产厂家及品牌、名人名车、汽车运动、新能源汽车和智能网联汽车等多方面内容的介绍，全方位阐述了汽车的发展历史和文化，使读者能够了解汽车及汽车文化内涵，培养对汽车的兴趣，拓宽知识面，为学习专业课程打下基础，也为将来从事与汽车行业有关的专业工作提供帮助。

图书在版编目（CIP）数据

汽车文化／张志强，程绪德主编. --2版. --重庆：重庆大学出版社，2020.10（2022.8重印）

中等职业教育汽车类专业系列教材

ISBN 978-7-5624-9887-2

Ⅰ.①汽… Ⅱ.①张… ②程… Ⅲ.①汽车—文化—中等专业学校—教材 Ⅳ.①U46-05

中国版本图书馆CIP数据核字（2019）第299029号

中等职业教育汽车类专业系列教材

汽车文化

（第二版）

Qiche Wenhua

主 编 张志强 程绪德

副主编 武 莉 胡华平 唐艺月 程洪良

责任编辑：陈一柳 版式设计：陈一柳

责任校对：谢 芳 责任印制：赵 晟

*

重庆大学出版社出版发行

出版人：饶帮华

社址：重庆市沙坪坝区大学城西路21号

邮编：401331

电话：（023）88617190 88617185（中小学）

传真：（023）88617186 88617166

网址：http://www.cqup.com.cn

邮箱：fxk@cqup.com.cn（营销中心）

全国新华书店经销

重庆市联谊印务有限公司印刷

*

开本：787mm×1092mm 1/16 印张：9.75 字数：239千

2016年8月第1版 2020年10月第2版 2022年8月第5次印刷

ISBN 978-7-5624-9887-2 定价：33.00元

编写组

重庆市立信职业教育中心
重庆市巴南职业教育中心
重庆市九龙坡职业教育中心
重庆工商学校
重庆市渝北职业教育中心
重庆市黔江区民族职业教育中心
重庆市经贸中等专业学校
重庆荣昌职教中心
重庆市大足职业教育中心
重庆市江南职业学校
重庆市永川职业教育中心
重庆市綦江职业教育中心
重庆市垫江县第一职业中学校
重庆工业高级技工学校
重庆市科能高级技工学校
重庆市育才职业教育中心
重庆平湖技师学院
秀山土家族自治县职业教育中心
重庆市工贸高级技工学校
重庆工业管理职业学校
重庆市丰都县职业教育中心
重庆市涪陵信息技术学校
重庆市忠县职业教育中心
重庆市三峡水利电力学校
重庆市铜梁职业教育中心
重庆市梁平职业教育中心
重庆市奉节职业教育中心
重庆市农业机械化学校
彭水苗族土家族自治县职业教育中心
重庆别克公司
重庆西南富豪汽车销售服务有限公司
重庆天泽汽车服务连锁有限公司
中国汽车工程学会汽车应用与服务分会
重庆所罗门汽车科技公司
重庆国利汽保公司

前言

21世纪以来，随着全球经济、科技、社会和文化的不断变迁，汽车已经进入普通家庭，成为我们生活中必不可少的交通工具，人们对汽车的需求日益高涨，从代步工具转变为安全、舒适、智能的出行需求。同时，随着人们对环境保护的重视以及能源危机对人们生活的影响，人们对汽车的关注从传统燃料汽车转向新能源汽车。IT技术的发展和以5G为代表的移动通信技术的出现，使智能汽车和网联汽车成为可能。

汽车的诞生，是人类交通史上的重要标志，它不仅改变着人们的交通出行方式、缩短了出行时间，同时也推动了人类现代文明快速向前发展，拉近了人与人、城与城之间的距离。而汽车的演变不仅是一种交通工具的进步，更反映着社会的变迁，影响着整个社会的经济结构和发展速度。一百多年来，汽车在满足了人类代步需求的同时也积累和蕴含了丰富的精神财富，被赋予了深厚的文化内涵，形成了一个独特的文化现象——汽车文化。

汽车文化不仅包括汽车本身积淀的深厚文化底蕴，同时也涵盖了一百多年发展历程中的著名品牌和影响深远的人与事。了解汽车应该从它的内涵开始。本书在改版的过程中主要修订了编写不当和错误之处，同时，针对当前汽车技术的发展，特增加了新能源汽车和智能网联汽车技术的发展现状及未来发展趋势等内容。

本书由重庆市九龙坡职业教育中心张志强、武莉、胡华平、达贵纯、李中彬、邓庆、桂琳、郑杰；重庆市永川职教中心程绪德；重庆市三峡水利电力学校唐艺月；河北保定市涞源职业教育中心付芳芳；重庆交通职业学院肖丽等同志参与编写。其中项目一、项目二、项目四、项目六由张志强编写，项目三由程绪德、胡华平、李中彬编写，项目五、项目七由武莉编写，项目八由达贵纯、程洪良、邓庆、付芳芳、桂琳编写，项目九由唐艺月、郑杰编写。本书由张志强、程绪德任主编，武莉、胡华平、唐艺月、程洪良任副主编，全书英文资料的校对、翻译由桂琳完成，全书由张志强统稿，重庆理工大学汽车学院富丽娟教授和重庆市九龙坡职业教育中心谢云峰审稿。

本书的编写参考和引用了很多文献资料及图片，在此，对参考文献的作者表示衷心的感谢。由于编者水平有限，而且汽车文化涉及领域很广，书中难免有错误和不当之处，敬请专家和各位读者批评指正。

编　者

2020年9月

目录

项目六 世界汽车名人与名车

项目七 汽车娱乐

项目八 赛车运动

项目九 新能源与智能网联汽车

项目一 走进汽车

学习目的

1. 能阐述汽车的定义。

2. 能说明汽车的分类。

3. 能熟知汽车的身份证。

任务一　汽车的定义和分类

一、汽车的定义

汽车是指自身装备了动力装置，一般具有4个或4个以上车轮，不依靠轨道或架线而在陆地行驶的车辆。图1–1所示为概念车。

图1-1　概念车

汽车通常被用作载运客、货以及牵引客、货挂车，也有为完成特定运输任务或作业任务而将其改装或经装配了专用设备成为专用车辆，但并不包括专供农业使用的机械。全挂车和半挂车并无自带动力装置，它们与牵引汽车组成汽车列车时才属于汽车范畴。

二、汽车分类

1.按用途分

（1）乘用车

乘用车是在其设计和技术特性上主要用于载运乘客及其随身行李或临时物品的汽车，包括驾驶员座位在内最多不超过9个座位。

乘用车分为普通乘用车、活顶乘用车、高级乘用车、小型乘用车、敞篷车、仓背乘用车、旅行车、多用途乘用车、短头乘用车、越野乘用车、专用乘用车等，如图1–2所示。

(a) 普通乘用车

(b) 活顶乘用车

(c) 高级乘用车

(d) 小型乘用车

(e) 敞篷车

(f) 仓背乘用车

图1-2　乘用车

（2）商用车

商用车分为客车、货车和挂牵引车3类，如图1–3所示。客车可细分为小型客车、城市客车、长途客车、旅游客车、铰接客车、无轨客车、越野客车、专用客车；货车可细分为普通货车、多用途货车、全挂牵引车、越野货车、专用作业车、专用货车。

(a) 客车

(b) 货车

(c) 挂牵引车

图1-3　商用车

2.按发动机布置形式分

（1）前置前驱

发动机位于汽车前端且前轮既是驱动轮又是转向轮的汽车称为前置前驱汽车。发动机前置前桥驱动时，发动机一般为横置。前置前驱的动力系统结构紧凑，驱动轴短，动力输出损耗低。在操控方面，前驱车天生具有转向不足特性，容易驾驶。在布局方面，没有传动轴经过车厢，可以降低车身中间的隆起，增大车厢可用空间。其缺点是起步时，前轴荷会减少，导致轮胎附着力降低，影响动力输出。另外，前轮要负责驱动、转向和大部分的制动力，所以磨损严重。前置前驱一般用于中级以及中级以下的乘用车。

（2）前置后驱

发动机位于汽车前端且后轮是驱动轮的汽车称为前置后驱汽车。发动机前置后桥驱动时，发动机一般为纵置。发动机、变速箱等便于布置，轴荷分配合理，动力性好，乘坐舒适性好。其主要缺点是整车质量较大，经济性较差。前置后驱主要用于中级、高级乘用车和货车。

（3）中置后驱

发动机位于汽车中部，后轮是驱动轮的汽车称为中置后驱汽车。发动机中置后驱时，发动机位于前桥和后桥中间，轴荷分配最为合理，传动轴短，动力性好。其主要缺点是发动机只能采用水平对置式，同时维修十分困难。中置后驱主要用于跑车和部分客车。

（4）后置后驱

发动机位于汽车后部，后轮是驱动轮的汽车称为后置后驱汽车。发动机后置后轮驱动时，有利于降低车身高度，改善乘坐的舒适性。其主要缺点是发动机布置在后面不利于驾驶员对于故障的判断。后置后驱主要用于客车。

（5）前置全驱

发动机位于汽车前部且所有车轮都是驱动轮的汽车称为前置全驱汽车。前置全轮驱动时，因前后轮都是驱动轮，所以其动力性好，通过性好。其主要缺点是结构复杂，经济性差。前置全驱主要用于越野车。

任务二　汽车的身份证

汽车的身份证明主要有车辆识别代码（VIN码）和发动机代码两种。

一、车辆识别代码

VIN码是英文(Veterinary Information Network)的缩写，译为车辆识别代码，又称车辆识别码。VIN码由17位字符（包括英文字母和数字）组成，俗称17位码。它是制造厂为了识别而给每一辆车指定的一组字码。该号码的生成有着特定的规律，每个码对应一辆车，并能保证50年内在全世界范围内不重复出现，如图1-4所示。因此，又有人将其称为“汽车身份证”。

图1-4　车辆识别代码

VIN码各位说明如下：

W	V	W	PR13C	6	A	E	170920
国家代码	汽车制造商代码	汽车类别代码	车辆特征	校验位	车型年款	装配厂	顺序号

第1位是生产国家代码：J—日本，S—英，K—韩国，W—德国，L—中国等。

第2位是汽车制造商代码：B—BMW，M—Hyundai，A—Audi，J—Jeep，Z—Mazda等。

第3位是汽车类型代码，其中不同的厂商有不同的解释。

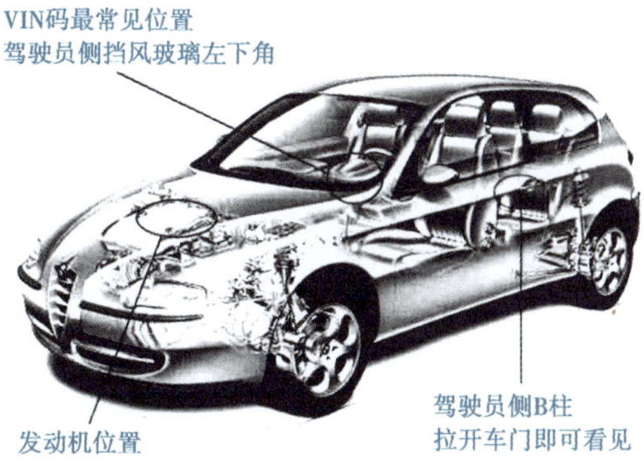

VIN码最常见位置
驾驶员侧挡风玻璃左下角

驾驶员侧B柱
拉开车门即可看见

发动机位置

图1-5　车辆识别代码位置

第4～8位（VDS）是车辆特征。

第9位是校验位，按标准加权计算。

第10位是车型年款。

第11位是装配厂。

第12～17位是顺序号。

故车辆为：

车辆识别码一般在前挡风玻璃的左下角，或者在主驾驶车门的铰链柱、门锁柱、门边上，也有的位于发动机舱内或者尾箱内，如图1-5所示。

二、发动机代码

发动机代码是汽车的重要标志之一。按规定，发动机代码应打印在汽缸体的易见且易拓印的部位，两端应打印起止标记。新车登记时，应将发动机代码用复写纸拓印下来，交车辆管理部门存档，如图1-6所示。

图1-6　发动机代码

车辆识别代码和发动机代码都是汽车的身份证明，在中华人民共和国机动车行驶证上都必须清楚地标注出来，如图1-7所示。

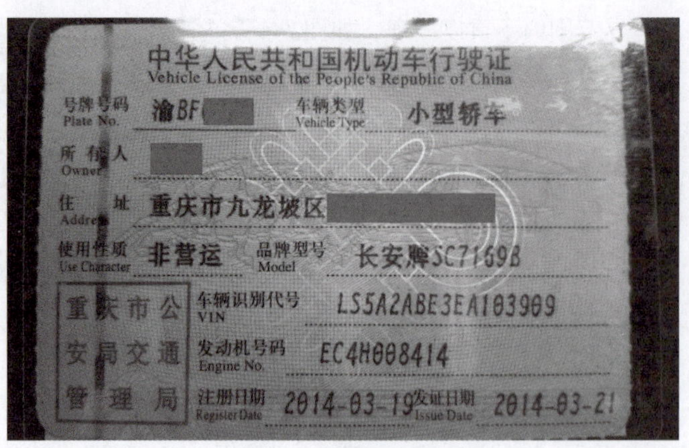
中华人民共和国机动车行驶证
Vehicle License of the People's Republic of China
号牌号码 Plate No. 渝BF 车辆类型 Vehicle Type 小型轿车
所有人 Owner
住址 Address 重庆市九龙坡区
使用性质 Use Character 非营运 品牌型号 Model 长安牌SC7169B
重庆市公安局交通管理局
车辆识别代号 VIN LS5A2ABE3EA103909
发动机号码 Engine No. EC4H008414
注册日期 Register Date 2014-03-19 发证日期 Issue Date 2014-03-21

图1-7　机动车行驶证

思考与练习

一、选择题

1.商用车主要是用作（　　）。

A.家用　　B.商用　　C.货运　　D.客运

2.乘用车一般最多有（　　）个座位。

A.1　　B.10　　C. 9　　D.40

3.保时捷911的驱动形式是（　　）。

A.前置前驱　　B.前置后驱　　C.后置后驱　　D.后置前驱

二、判断题

1.商用车分为客车、货车和轿车3类。（　　）

2.高级轿车不属于乘用车。（　　）

三、简答题

1.什么是汽车?

2.汽车有哪些类型?

3.车辆识别代码有什么作用?

项目二　汽车的起源与发展

学习目的

1. 能描述第一辆蒸汽汽车的发明人。
2. 能说明奥托对内燃机发明作出的贡献。
3. 能熟知本茨和戴姆勒被称为“现代汽车之父”的原因。
4. 能列举汽车历史上的4次重大变革。
5. 能概述世界汽车工业的发展特点及发展趋势。
6. 能描述新中国汽车工业的发展过程。

任务一　汽车的起源

一、汽车的远祖

1.车轮的出现

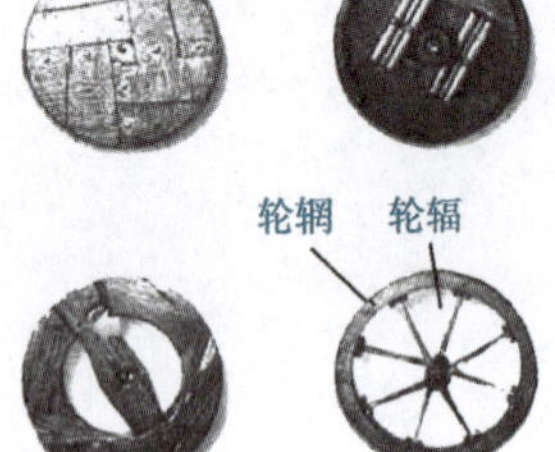

图2-1　早期的车轮

在原始社会，人类主要是靠打猎和采集为生。当他们捕捉到大猎物时，要把猎物搬回到住处就很困难。因此，人们不断地想各种方法来解决这个问题，直到后来出现了车轮（图2-1）。车轮的目的是将东西从一个地方运到另一个地方，同时运送的速度也有很大的提高，这是一个了不起的创造。

2.马车的出现

随着车轮的发明，逐渐出现了用马来拉动带有轮子的车，这就是马车（图2-2）。最先出现的马车是两轮车，直到公元前1世纪，罗马的制车匠发现了塞尔特人的四轮车。他们对其加以改革，使四轮马车用旋转式前轴转动方向，用整片的轮辋与轮箍增加强度，同时用镶有金属边的轮毂减少摩擦，使得马车的性能大为提高。到公元200年时，坚固的罗马四轮运输车在大道上隆隆驶过，马拉车每天可行驶160 km，中途需停车更换马匹继续前进。

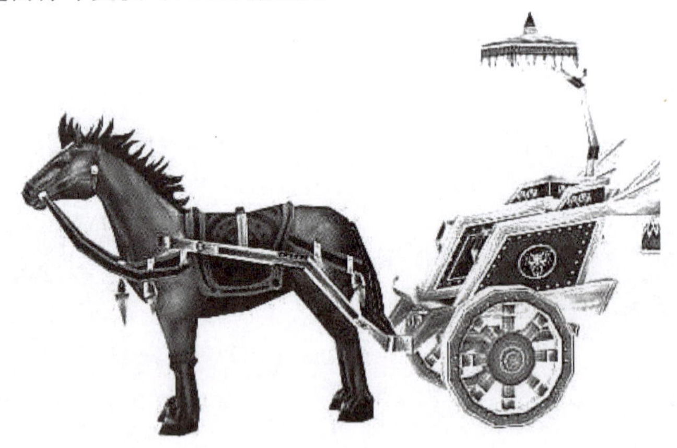

图2-2　马车

3.马车的发展

最初的四轮马车只不过是带有窗户的箱子（图2-3），以皮带悬吊在无簧板的车架上，相对而坐的旅客需要忍受不断地摇动与跳跃。在以后的几个世纪，通过改进，使这种车辆变得更坚固、更轻、更美观、乘坐更舒适。到了17世纪，四轮马车承担了几乎所有的长途客运任务，而精致的私有马车已成为王族身份的象征。其中，最豪华的英国皇室马车是在1763年为英国国王乔治三世所建造，被称为“历来最壮丽之马车”。

图2-3 古代的四轮马车

二、蒸汽汽车的发明

尽管四轮马车得到不断改进，但是马车的速度仍不能令人满意，一辆驿车在当时最好的公路上行驶375 km，最快仍需要23.5 h左右才能到达。所以，人们希望能发明一种比马更有耐力、更强大的动力机器。

1765年，英国发明家瓦特（James Watt）制造出了第一台蒸汽机后，各行各业开始把这一技术成果引用到自己的领域，为蒸汽汽车的问世创造了有利条件。

1769年，法国陆军炮兵军官N.J.古诺（Nicclas Joseph Cugnot）经过6年的精心研究，将一台雏形蒸汽机装在一辆木制的三轮车上，用来拖运大炮，如图2-4所示。英国皇家汽车俱乐部和法国汽车俱乐部都认定这辆用蒸汽机驱动的汽车是世界上的第一辆汽车。当时，古诺发明的蒸汽汽车车长7.32 m，高2.2 m，前轮直径1.28 m，后轮直径1.5 m，可以牵引4~5 t重物，前进时靠前轮控制方向，但每前进12~15 min就需要停车，给锅炉添水加煤，待锅炉里重新喷出蒸汽以后才能继续行走，运行速度为3.5~3.9 km/h。由于操作不便，1771年，在一次试车时撞到了圣奴兵工厂的墙上（图2-5），成为世界第一起机动车事故。

随着蒸汽机的不断完善，蒸汽汽车得到快速发展。1790年，法国巴黎出现了蒸汽机公共汽车。1804年，英国工程师理查德·特雷威蒂克制造出第一辆载客8人的高压蒸汽汽车

图2-4 古诺的第一辆蒸汽汽车

图2-5 古诺的蒸汽汽车试车时撞墙

图2-6 理查德·特雷威蒂克制造出第一辆乘用车

（图2-6），也是英国最早的蒸汽汽车，并且时速为9.6 km/h，是世界上第一辆乘用车。

1805年，美国人艾文思首次制造了装有蒸汽机的水陆两用汽车，成为现代水陆两用汽车的鼻祖。

1925年，英国人嘉内制造出第一辆蒸汽公共汽车，时速为19 km/h，有18个座位，这成为世界上第一辆营业性质的公共汽车（图2-7）。

1934年，英国成立了当时世界上第一家汽车公司——英格兰蒸汽机汽车公司，从而使汽车运输走向社会化和企业化。

蒸汽机汽车为英国的陆路运输作出了贡献，冲击了当时的主要运输力量——马车行业，因此，在社会上掀起了反对蒸汽机汽车的思潮。1865年，英国政府颁布了“红旗法”，限制蒸汽机汽车的时速，同时对蒸汽机汽车征收高额的养路费。这是世界上第一部专门针对汽车的法律。

由于蒸汽机汽车的生产产量小，未能形成汽车工业。同时，因受到当时技术的限制和蒸汽机自身的缺点——噪声大、排出的废气严重污染空气，再加之体积庞大，使用不方便以及人们的保守思想，蒸汽汽车逐渐退出了历史舞台。

图2-7 嘉内的第一辆蒸汽公共汽车

视频：蒸汽汽车

三、内燃机的发明

现代汽车是伴随着内燃机的发明而出现的。第一台实用内燃机是1860年法国发明家勒诺巴赫制造的（图2-8）。这是一台以煤气作燃料的单缸发动机，缺点就是功率小，消耗的煤气太多。

1861年，法国工程师罗夏在对以往内燃机热力过程进行理论分析之后，提出了提高内燃机效率的关键措施，即预先压缩可燃气，并提出了四冲程循环理论：进气、压缩、膨胀、排气。

1866年，德国工程师奥托利用罗夏的内燃机原理，成功地制造了第一台以煤气为燃料的立式四冲程煤气内燃机（图2-9）。1876年，奥托又试制出一台卧式四冲程煤气内燃机（图2-10），成为内燃机的正式发明者。其结构小巧，转速快，运转平稳，热效率高，得到了广泛应用。这台内燃机被称作奥托内燃机而闻名于世。

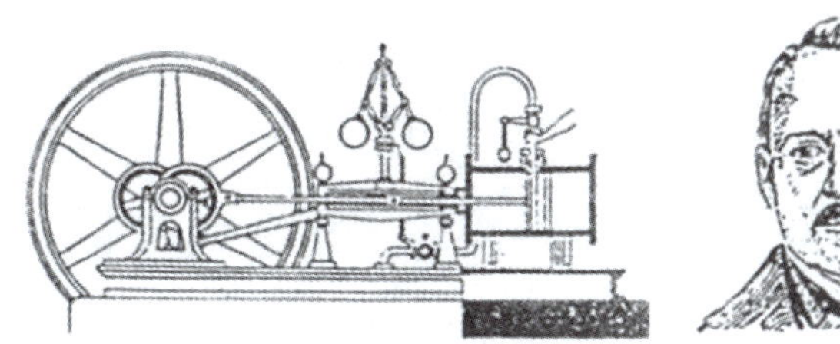

图2-8　勒诺巴赫和他制成的煤气内燃机

图2-9　奥托研制的立式四冲程煤气内燃机

图2-10　奥托研制的卧式四冲程煤气内燃机

任务二　汽车的发展之路

一、现代汽车诞生

1.本茨的第一辆汽车

1885年，德国人卡尔·本茨制造了一辆利用内燃机作动力的三轮车（图2-11），可是在试车时由于过于高兴而忘记转动方向杆导致撞在围墙上，直到1886年才公开试车。1886年1月29日，本茨向德国曼海姆帝国专利局提出了发明专利的申请。于是，这一天被公认为汽车诞生日。本茨也被誉为“世界汽车之父”。1886年11月2日，本茨的专利被正式批准发布，专利证书号为（NO.37435）（图2-12）,专利名称是“气态发动机汽车”。

本茨的第一辆三轮汽车自重254 kg，装有3个实心橡胶轮胎的车轮（后面有两个大轮，前边有一个小轮），由车架钢管制成，发动机是单缸汽油机，最高时速为18 km/h。虽然这台车的外形和当时的马车差不多，车速和装载质量也不比马车优越，但它的贡献在于观念的变化，即自动化的实现和内燃机的采用。

图2-11　卡尔·本茨发明的第一辆三轮车

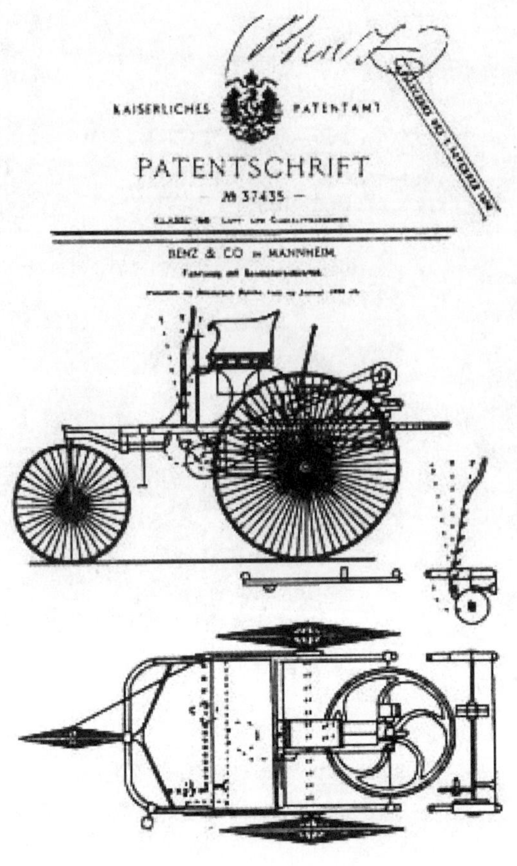

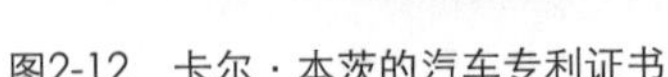

视频：第一辆奔驰车

图2-12　卡尔·本茨的汽车专利证书

2.戴姆勒的第一辆车

在本茨获得现代汽车发明专利的同时，德国的另外一位伟大的现代汽车创始人——戴姆勒也发明了一辆四轮汽车。因此，戴姆勒和本茨一道被公认为是“现代汽车之父”，他们带领人类跨越马车时代，驶入现代汽车的新纪元。

1886年，戴姆勒在妻子生日时，订购了一辆四轮马车，他和迈巴赫一起改造车子，在前轮上安装了转向装置，在后轮上安装了驱动装置，把立式发动机安装在车身中部，该车最高时速为14.4 km/h，世界上第一辆装有汽油机的四轮汽车就此诞生了（图2–13）。后来这辆车被尊称为戴姆勒一号车。

图2-13　戴姆勒的第一辆四轮汽车

戴姆勒的汽油汽车出现以后，法国人雷内·帕哈德和埃米尔·卢瓦瑟对其进行了改进，采用发动机前置后轮驱动，装有离合器、变速器、链条驱动差速器、半轴及车轮，成为现代汽车雏形。1891年，它被法国科学院确认为第一辆现代汽车。1895年，法国科学院正式为这种汽车定名“automobile”，其中，“auto”为希腊文“自己”，“mobile”为拉丁文“运动”。

3.柴油机汽车

柴油机是1892年由德国人鲁道夫·狄塞尔研制出来的。经过30年的完善，1921年戴姆勒汽车公司制造出柴油机汽车。1925年，该公司正式生产出柴油机载货汽车（图2–14）。

4.大客车的出现

英国人戈沃齐·冈尼于1830年设计出装有蒸汽机的大客车（图2–15），1895年在德国出现了用单缸内燃机驱动的可以乘坐8人的小型公共汽车。直到1922年，美国加州Fageol Safety客车公司才真正专门设计了大客车底盘。

图2-14　柴油机汽车

图2-15　大客车

二、汽车发展史上4次重大变革

在百余年的汽车发展史上，经历了4次重大的变革，每一次大的变革都是汽车生产技术及制造方式的大转变，推动了汽车工业的大发展，引起了世界汽车工业格局的重大变化。

1.第一次重大变革——流水线大批量生产

汽车诞生于欧洲，但当时的指导思想主要是以娱乐、享受为主，所以研制的汽车都是轿车，而且是豪华轿车，以致售价高昂，一般人难以承受。加之受当时技术条件的限制，不论是在欧洲还是美洲，都不可能形成汽车工业。

汽车工业的形成，首先应提到美国人亨利·福特。1903年，亨利·福特成立了福特公司。福特提出了一个全新的理念：汽车要成为人们的必需品；汽车要能在当时无路面的乡村道路上行驶，可靠耐用，操作简单，不讲究豪华及舒适；售价低廉，使用费用少。他吸收了美国人兰塞姆·奥茨对于小型

图2-16　福特T型车

图2-17　世界上第一条生产流水线

轿车和李兰德采用标准互换件的思想，以及钟表制造业采用的总装法等经验，经过几年的苦心经营，1908年9月27日，第一辆成品T型车（图2-16）终于在位于密歇根州底特律市的皮科特厂（Piquette）诞生了。福特T型车的面世使1908年成为工业史上具有重要意义的一年，美国自此成为“车轮上的国度”。1913年，福特完成了世界上第一条生产流水线配线的建设（图2-17），使T型车投入大批量的生产中，极大地提高了生产效率，汽车的装配时间也由原来的750 min缩短到93 min，产量也大幅提高，从1908年到1927年共生产T型车1 500多万辆，并且售价一降再降，从开始的每辆850美元降到每辆295美元。在福特公司的带动下，美国的其他汽车公司借鉴了它的生产流水线，使各自的公司都得到了较快发展，而且推出了不同价位的汽车以满足不同的消费层次，扩大了市场占有率，使汽车成为大众能普遍接受的交通工具。

这一发展阶段的主要特征是：出现了汽车成为人们生活必需品的观点；出现了汽车大规模生产技术；出现了标准化及流水线生产；出现了汽车大规模生产的两种组织模式（一种是以福特公司为模式的全能厂——汽车的全部零部件都是由公司生产，另一种是以通用公司为模式的专业化生产——由一些汽车制造企业联合起来，分工协作，根据合作企业的条件实行专业化生产）并建立了集中管理的大型销售体系。这两种模式自通用公司成立开始竞争就非常激烈，到1927年通用公司的汽车产量第一次超过福特公司，成为世界上年产量第一的汽车制造企业。

2.第二次重大变革——多样化品种

美国的汽车在第一次重大变革后，开始一统天下。因此，欧洲人针对美国车型单一、体积庞大、油耗高等缺点，利用自身的优势，在汽车品种、性能、配备上尽量适应欧洲各国的自然条件、社会环境、生活习惯等不同需要，实现了汽车产品多样化，以新颖的汽车产品与美国汽车厂家争夺市场。汽车在整体结构和整车布置方面的新样式，如发动机前置前驱、后置后驱、承载式车身、微型轿车等都是首先出现在欧洲，这些技术的出现为西欧各国的汽车大发展奠定了基础。同时欧洲出现了一大批驰名世界的汽车制造厂和品牌，如严谨规范的奔驰、宝马，轻盈典雅的法拉利、雪铁龙，雍容华贵的劳斯莱斯、美洲虎，神奇的甲壳虫等相继登台亮相。

汽车第二次重大改革

在欧洲人进行多样化设计的时候，美国人则尽量实现标准化生产，以求生产数量的增加，获取更大的经济利益。第二次世界大战缓和了美国与欧洲汽车工业的竞争。战后，欧洲各国的经济复苏，汽车工业以其技术优势以及得到政府的扶持，很快强大起来。如德国大众汽车公司在1937年提出生产的甲壳虫微型轿车，受到战争影响，直到1949年才开始生产，但很快畅销世界各地，到1973年成为全世界销量最大的汽车型号。战后，中东地区大量地开采出廉价的石油，为汽车的普及化创造了条件，促进欧洲汽车工业的快速发展。到了20世纪60年代初，欧洲各国取消关税之后，多样化的汽车设计成了最大优势，规模效益得以实现。1940年，美国汽车的年产量占全球的91.3%；到1961年，美国汽车的年产量下降到43.67%，欧洲汽车的年产量上升到40%；到1966年，欧洲各国的汽车年产量达到了1 100多万辆，而美国只有827万辆；到1973年，欧洲汽车年产量已提高到1 500万辆，汽车工业的重心也由美国转移到了欧洲。

这一阶段的主要特征是：汽车工业既保持着大规模生产的特点，又出现了向多品种、高技术发展的趋势，使汽车工业的重心由美国转移到了欧洲。西欧的大众、雷诺、戴姆勒-奔驰等大型汽车制造企业纷纷到美国投资设厂，改变了福特、通用到欧洲设厂的格局。这一阶段汽车保有量大增，交通事故、排放污染更引起了人们的重视，保障安全的要求与排放法规的颁布迫使汽车在性能结构等方面都得到了大幅度的改善与提高。

3.第三次重大变革——精益生产方式

20世纪70年代开始，日本推出了物美价廉的汽车，世界也出现了普及汽车的高潮。与此同时，日本以丰田为代表的几家汽车公司，将“全面质量管理”和“及时生产系统”两种新型管理机制应用到汽车生产中。前者要求工人承担更多的责任，将产品质量放在首要位置；后者规定了在生产过程中所需要的图样、材料、生产工具等要求，两者紧密地衔接在一起，相辅相成，从而推动了日本汽车工业的快速发展，也带来了汽车工业的第三次重大变革。

第三次重大变革是从完善生产管理系统着手，迎来了日本汽车工业的发展，同时创造了世界汽车工业发展的奇迹。日本成为继美国、欧洲之后的世界上第三个汽车工业发展中心，汽车工业的发展重心也由欧洲转移到了日本。

这一阶段的主要特征是：汽车工业不只是大规模、多品种、高技术，还出现了更科学、更合理的生产组织管理制度，使汽车制造业向大规模、高质量、低成本的方向发展。同时为满足用户多样化的要求，品种越来越多，各国汽车工业的生产线出现了柔性生产制造体系，以便于生产不同车型，节约成本。而各国的汽车制造企业正在利用各自的优势进行跨国联营，以增加竞争力。汽车设计、制造部门为了满足安全、净化、节油等方面的要求，使汽车的结构达到最佳化的要求，采用了更先进的技术，特别是电子技术在汽车上的应用越来越广泛，如电子防抱死装置、雷达防撞系统、电子燃油喷射系统、电子点火系统、自动变速器等技术。

4.第四次重大变革——生产制造中心的转移

这一阶段各强势汽车工业集团以其技术和资本优势，在产品、生产成本、信息技术、电子商务、销售及各类售后服务和资本运作等领域展开了全方位的激烈竞争。一方面向发展中国家输出剩余资本、技术；另一方面相互兼并、重组、吸纳全球资源，扩大全球市场份额，谋求利益最大化，进一步推进了汽车全球化。1998年，德国戴姆勒—奔驰公司和美国克莱斯勒汽车公司合组成立戴—克集团；1999年，美国福特汽车公司收购瑞典沃尔沃公司轿车事业部；法国雷诺集团向日本日产汽车公司出资36.8%，向日产柴油机工业公司出资22.5%。至此，全球形成6+3汽车集团格局，即通用、福特、戴—克、丰田、大众和雷诺6个集团化程度高的大集团，及本田、宝马和标致—雪铁龙3个集团化程度小的公司。但金融危机加速了全球汽车版图调整的速度，最主要体现在北美三巨头的变化上：其中，克莱斯勒分离两年后无法独立生存重新被菲亚特整合；而通用汽车和福特汽车不断分拆出售自己的下属子品牌或资产以自保。一系列变化导致全球汽车产业出现新的“6+3”+X的格局。新的6大集团包括日本丰田集团、德国大众集团、新通用、福特、日欧联合车企雷诺—日产联盟及新的菲亚特—克莱斯勒联盟。新的3小集团包括现代—起亚、本田和标志—雪铁龙。另外，戴姆勒、宝马和包括铃木在内的多家日本车企、不断成长的中国和印度新兴市场的汽车公司也是全球汽车版图中不可忽视的力量。

这一阶段的主要特征是：在经济全球化浪潮的冲击下，许多国家出于利润最大化的动机，开始在全球范围内寻找最优区域，跨国公司的建立成为了不可阻挡的历史潮流。廉价的劳动力和广阔的消费市场使得中国成为许多商家的最优选择。由于经济全球化，国外名牌产品不断涌入中国，处在激烈竞争之中的中国企业为了长远的生存和发展，开始国内联合。国内联合只是国内企业求生存与发展的方式之一，技术的革新也将使国内企业快速提高生命力和竞争力。在国家相关部门的大力指导下，汽车产业的技术创新取得了重大的进展。国内企业开始打造世界知名品牌，一系列知名的民族品牌如雨后春笋般地冒出来。2013年4月25日，法国总统奥朗德首次来华访问，他的座驾就是中国的全新红旗牌轿车，这是中国一汽集团全新打造的红旗L5的“首场秀”（图2–18）。

图2-18 红旗L5的“首场秀”

任务三 汽车工业的现状

一、世界汽车工业现状及发展趋势

汽车自诞生以来，经历了百年的发展和技术的改进，使汽车工业和汽车技术得到了迅速的发展。现在，在知识经济的推动下，伴随着全球经济一体化，汽车工业朝着产业集中化、技术高新化、经营全球化、生产精益化发展。

1.世界汽车工业的发展特点

（1）采用平台战略、全球采购、模块化供货方式已成趋势

国际汽车工业广泛采用平台战略、零部件全球采购、系统开发、模块化供货等方式，使新产品的开发费用和工作量部分地转嫁给零部件的供应商，实现全球范围内合理配备资源，提高产品通用化程度，控制产品质量，降低成本。

（2）跨国企业为实现新兴市场不断调整战略布局，全球化成为必然

汽车是国际性产业，各汽车厂通过资产重组、联合、兼并成立跨国公司，即全球化。全球化包括汽车开发的全球化、销售战略的全球化和销售服务的全球化。

进入20世纪90年代以来，由于世界汽车工业产业严重过剩，汽车环保、安全、排放、节能法规日趋严格，产品开发成本、销售成本大幅度提高，促使汽车工业全球性结构调整步伐明显加快，汽车跨国联盟已成为世界汽车工业发展的潮流。全球汽车业已基本形成“6+3”的竞争格局。“6”是指通用、福特、戴姆勒—克莱斯勒、丰田、大众、雷诺—日产，这6家汽车年产量合计占世界汽车产量的80%以上；“3”是指相对独立的本田、标致—雪铁龙和宝马。这9家公司年产销售占世界汽车产量的90%以上。

（3）世界汽车技术进步的步伐越来越快，汽车工业正处于科技创新时代

汽车市场的竞争实质是现代科技的竞争，是技术创新的竞争。围绕安全、环保、节能等重点领域，采用新能源、新材料、新工艺开发研制新车型，占领技术制高点。电子技术的广泛应用使汽车中的电子产品数量大幅度增加。电动汽车、混合动力汽车技术也取得了突破性的进展，并且正在走向实用阶段。互联网技术的应用也将更加广泛，企业将自己的雄厚实力、丰富的人力以及财力资源与互联网相结合，同客户、经销商、供应商等建立一种新的业务模式。技术高新化将使新一代的汽车轻便化、安全化、环保化、智能化，成为高新技术的集成体。

汽车工业正在掀起一场数字化革命，以适应未来汽车智能化与未来数字化时代的发展需要。车载多媒体系统、汽车智能安全系统、舒适性管理系统、汽车语音识别系统等都在汽车上得到了应用。数字技术也将改变汽车的设计开发和生产制造方式。

2.相应的零部件工业

世界汽车零部件企业大致可分为两种经营类型：一是大批量生产者，产量高，但产品附加值较低，以低价争取客户，从而获得市场占有率；二是创新和集成潜力大的企业，他们专注于某一业务领域，擅长生产某些部件或系统，产品附加值高，创新能力较强。

由于整车制造厂独自完成的工作越来越少，因此，零部件制造业在汽车工业中的作用也会更加重要。他们不仅生产汽车零部件、系统、模块等，而且承担了更多的研发工作。

二、我国汽车工业发展

我国以前没有自己的汽车工业，最早出现的汽车是在1901年，一位中文名叫李恩时的匈牙利商人将两辆美国生产的奥兹莫比尔汽车运到上海，专供上海租界内的外国人使用。中国人真正拥有第一辆汽车（图2-19）是1902年袁世凯为取悦慈禧太后，花巨款进口的一辆美国汽车，可是慈禧太后将它打入了“冷宫”。

视频：中华人民共和国第一辆汽车

图2-19 中国人拥有的第一辆汽车

1930年，中国汽车的保有量为38 484辆，却没有一辆是国人自己生产的。不少有志之士想自己制造汽车，中国最早提出建立自己的汽车工业的是孙中山，但由于受当时条件和环境的限制，一直没能实现。

中华人民共和国成立以后，经过半个多世纪的努力，从一个“只有卡车没有轿车”“只有公车没有私车”“只有计划没有市场”的局面，逐渐发展成了现代的汽车工业体系。回顾60年的发展历程，我国汽车工业，经历了初创、成长、全面发展和高速增长4个阶段。

1.我国汽车工业的初创阶段（1949—1965年）

中国汽车工业诞生于1953年，即大规模工业建设的第一个五年计划时期。1953年7月15日，中国第一汽车制造厂（以下简称“一汽”）在长春动工兴建，从此拉开了中国汽车工业筹建工作的帷幕。1956年7月13日，第一辆解放CA10型4 t载货汽车下线；7月15日，第一批解放牌汽车下线（图2-20），结束了中国不能生产汽车的历史，为中国汽车工业树立了不朽的丰碑，圆了中国人自己生产汽车的梦想。

图2-20 第一批解放牌汽车

1958年5月5日，一汽生产出我国第一辆东风CA71型轿车，从而揭开了我国民族轿车工业的历史篇章。

之后，第一机械工业部决定集中精力研制高级轿车，并定名为红旗牌。为制造高级轿车，第一机械工业部先调来了一辆1955年产的美国克莱斯勒C69型轿车作为参考，接着周恩来总理将法国雷诺汽车公司送给他的轿车，朱德副主席将他的斯柯达轿车，陈毅副总理将他的奔驰600型轿车，都献给了一汽作样车。

1958年8月3日，一辆装有一汽自制V8发动机的红旗牌CA72型高级轿车问世（图2-21）。红旗牌高级轿车是国产高级轿车的先驱，是国内外驰名的品牌。从此，东风轿车和红旗轿车

图2-21 红旗牌CA72型高级轿车

担当了中国早期国产轿车的主力先锋。

有了建设一汽的经验，我国又建立了几个汽车生产基地，分别是南京汽车制造厂、上海汽车制造厂、济南汽车制造厂和北京汽车制造厂。

1958年3月10日，南京汽车制造厂生产出第一辆跃进牌NJ130型2.5 t轻型载货汽车，同年6月试制出第一辆NJ2330型1.5 t越野汽车，成为第二家直属中央的汽车企业。

1958年9月，上海汽车制造厂成功试制出第一辆凤凰牌轿车（图2-22）。1964年12月，开始生产上海牌SH760型轿车（图2-23）。20世纪80年代初，上海汽车制造厂成为中国唯一一家普通轿车制造厂。

图2-22　第一辆凤凰牌轿车

图2-23　上海牌SH760型轿车

1960年，济南汽车制造厂成功试制出黄河牌JN150型8t重型载货汽车。

1961年，北京汽车制造厂作为生产轻型越野汽车的基地，并成功试制出第一辆北京BJ210型轻型越野车。1966年5月，国务院军用产品定型委员会批准北京汽车制造厂的北京BJ212越野车的设计定型，并投入生产（图2-24）。

图2-24　北京BJ212轻型越野车

截至1965年，5个汽车生产基地共生产汽车累计17万辆。

2.我国汽车工业的成长阶段（1966—1980年）

20世纪60年代后期，中央提出了调动地方积极性，建设地方工业体系的方针。1966年确定了第二汽车制造厂的厂址（位于湖北省郧县十堰镇），采取了“包建”（专业对口的老厂建新厂、小厂包建大厂）和“聚宝”（国内的先进成果移植到二汽）的方式，主要生产中型载货汽车和越野汽车。

1975年7月1日，第二汽车制造厂基本建成，东风EQ240型2.5 t越野车投产。1978年7月，第二汽车制造厂的东风EQ140型5 t载货汽车试制成功并投产。1966年3月11日，四川汽车制造厂举行开工典礼。同年6月，四川汽车制造厂红岩牌CQ260型越野汽车在綦江齿轮厂试制成功，后改为CQ261型。1974年12月27日，陕西汽车制造厂生产的延安牌SX250型越野车鉴定定型。1978年正式投产生产。

截至1980年，我国有汽车制造厂56家，汽车行业企业2 379家，从业人员90.9万人，汽车工业总产值88.4亿元，年产汽车22万辆，其中轿车5 418辆，轻型越野车2.04万辆，其他越野车7 600辆，载货汽车13.6万辆，有4.8万辆汽车底盘供改造客车或专用车所用。

3.我国汽车工业的全面发展阶段（1981—1998年）

十一届三中全会之后，我国确立了改革开放的国策，我国的汽车工业也随之掀开了新的篇章。在这一阶段，国家决定将汽车工业发展成为支柱产业；在产量不断提高的同时，加快进行产品结构调整；引进国外先进的技术和资本；轿车工业迅猛发展，由此拉开了汽车进入家庭的序幕；生产集中度明显提高，汽车年产量迅速增加。

1984年1月，中国汽车的第一个中外合资企业——北京吉普诞生了，中国的汽车工业很快进入了第一轮合资高潮。1985年3月，中德合资轿车生产企业——上海大众汽车有限公司成立（图2–25）。同年，南京汽车引入了依维柯汽车，广州和法国标致公司的合资项目也成立了。

图2-25　上海大众汽车有限公司

1987—1988年，生产时间最长的3种载货汽车老产品开始转产新解放、新跃进、新黄河。1989年6月23日，第一辆中国—斯太尔重型载货汽车在济南汽车制造厂诞生。

1994年，我国轿车年产量已超过25万辆，单一生产轿车的企业——上海大众逐渐超越了一汽、二汽，成为中国轿车企业的领头羊。

4.我国汽车工业的高速增长阶段（1999年至今）

1991年2月8日，一汽大众有限公司在长春成立，标志着中国最大的汽车合资企业诞生。

1994年是中国汽车工业发展史上值得纪念的一年，国务院发布了《汽车工业产业政策》，明确指出：到2010年我国汽车工业将成为国民经济的支柱产业，同时将“鼓励轿车进入家庭”，使汽车工业的发展有了更明确的方针和目标。

各汽车生产企业顺应了时代的变化，积极进行产品结构的调整。2000年，我国汽车年产量突破200万辆。汽车产品从只能生产货车单一品种，发展到可以生产货车、客车、轿车、越野车、自卸车、牵引车6大类150多个基本车型，以及厢式、罐式、矿用自卸车、特种作业专用汽车等1 000多种产品，并开始出口汽车，国产品牌汽车市场占有率达到90%以上。

经过十几年的发展演变，初步形成了“3+X”的格局，“3”是指一汽、东风、上汽3家企业为骨干，“X”是指广汽、北汽、长安、南汽、哈飞、奇瑞、吉利、昌河、华晨等一批企业。中国汽车工业已经从原来那个各自独立的散、乱、差局面改变成现在的以大集团为主的规模化、集约化的产业新格局。中国汽车工业已成为世界汽车工业的重要组成部分。

2001年12月11日，我国正式加入世贸组织（WTO），汽车工业进入了快速发展的高速路。从2002年1月1日起，国家7次下调汽车进口关税，整车关税从2001年的80%，最终降到2006年7月1日的25%。2000—2002年完成了汽车产量从200万辆到300万辆的跨越，汽车年产量仅次于美国、日本、德国和法国，位居世界第五位。到2014年，我国实现汽车产销2 372.29万辆和2 349.19万辆，我国汽车产销总量连续6年居全球第一位，成为世界第一汽车生产大国，从而确立了在世界汽车业的地位。

进入21世纪，越来越多的国际汽车品牌在中国生产和销售，给我国的汽车工业带来了前所未有的活力和动力。随着安全、环保和节能理念的提出，以及用户对汽车产品要求的不断提高，高新技术被迅速应用到汽车产品的开发、试验、制造、销售乃至使用的整个过程，不断诞生出具有自主知识产权的各种高性能的汽车，推动着我汽车工业的快速发展。

项目小结

本项目讲述了汽车是如何从车轮开始演变的，它带给了人类一种高效的运动方式——滚动。有了车轮，马车成为人类历史上使用时间最长的交通工具。瓦特发明蒸汽机，为蒸汽汽车的问世创造了条件。1769年，古诺发明了世界上第一辆蒸汽汽车，是汽车史上的第一个里程碑。1860年，勒诺巴赫发明了第一台实用的内燃机，奥托在此基础上发明了立式和卧式煤气四冲程内燃机，为现代汽车的发明提供了理想的动力。从汽车工业的发展史可以看出：汽车诞生于德国，成长于法国，成熟于美国，兴旺于欧洲，挑战于日本。经过了4次重大变革，创造了世界汽车工业发展的奇迹。我国的汽车工业，经过了半个多世纪的发展，经历了从技术引进转向自主开发，又从自主开发转向利用合资模式的技术引进，促进我国汽车工业快速发展。如今，我国的汽车工业在世界汽车市场占有一席之地。

思考与练习

简答题

1. 车轮是如何发明的？它对汽车的发明有什么重要贡献？
2. 第一辆蒸汽汽车是何时、何人发明的？
3. 奥托制造的第一台煤气四冲程内燃机的工作原理是什么？
4. 世界上第一辆摩托车是何时、何人发明的？
5. 本茨发明的第一辆汽车与戴姆勒发明的第一辆汽车有什么区别？
6. 汽车发展史上有几次重大变革？它们分别有什么特点？
7. 中华人民共和国成立以后，我国生产的第一辆轿车是什么品牌？它是由哪家企业生产的？
8. 中国汽车工业初创阶段建立了哪几个工业基地？各生产什么类型的汽车？
9. 新中国汽车工业的发展阶段是如何划分的？各个阶段有哪些特征？

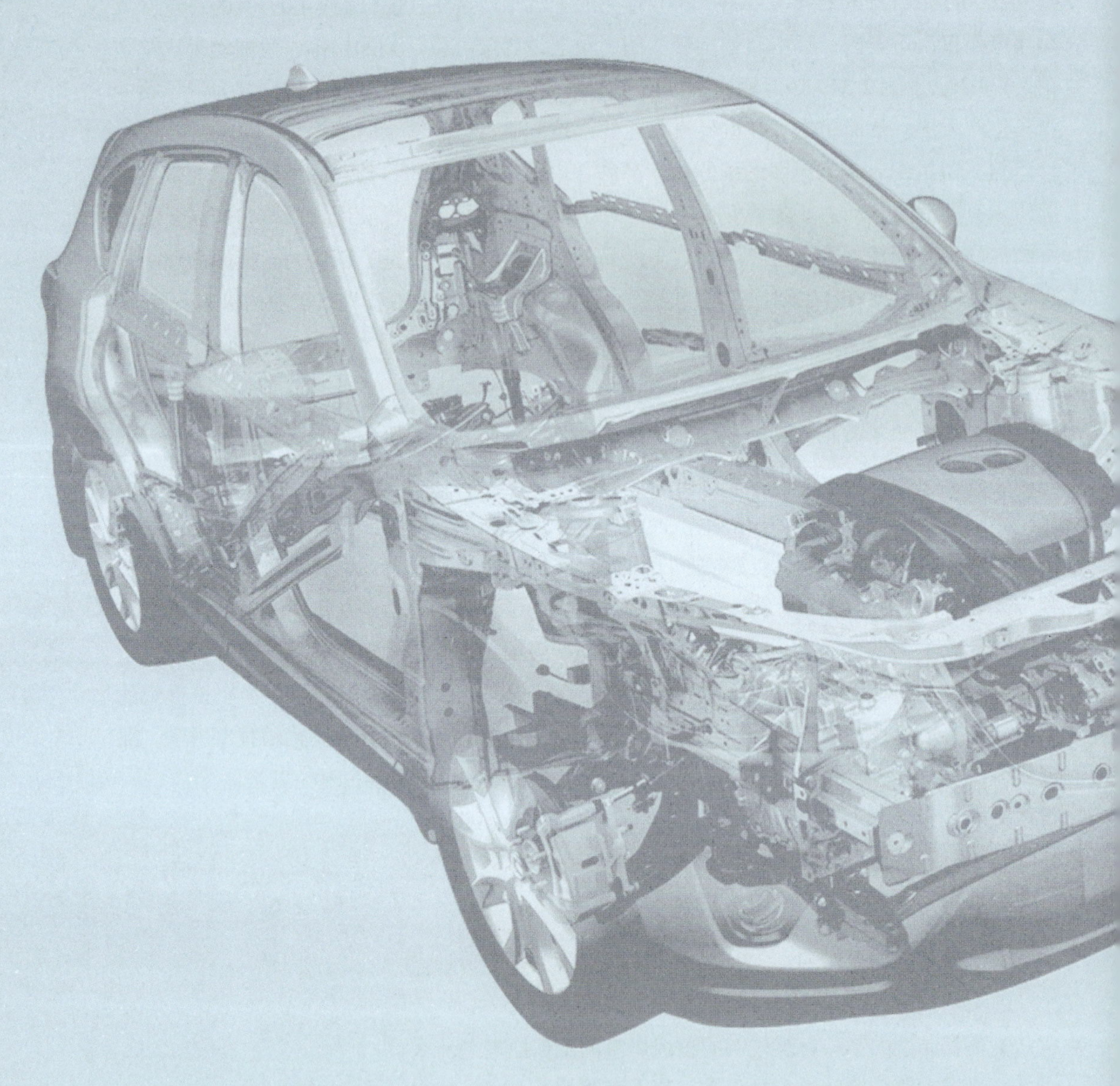

项目三 汽车造型与色彩

学习目的

1. 能说明影响汽车外形演变的三要素。
2. 能阐述7种汽车外形的产生及演变。
3. 能列举汽车色彩的三要素。
4. 能概述选择汽车车身颜色时需要考虑的4个因素及内饰颜色的选择原则。

任务一　汽车造型的演变

汽车经过100多年的发展，不论是汽车车身的外型还是车身的色彩，都发生了很大的变化。现在，汽车不仅是现代化的交通工具，也是现代社会的装饰品，它优美的造型和靓丽的色彩给人们带来了美的享受。

影响汽车外形演变的三要素：机械工程学、人体工程学和空气动力学。汽车外形的演变就是三者协调发展的结果。

一、造型的变化

汽车车身的造型在汽车发展过程中主要经历了：马车形、箱形、甲壳虫形、船形、鱼形、楔形和子弹头形的演变，见表3-1。

表3-1　汽车的造型

造　型	特　点	图　片
马车形	迎面吹来的风使驾乘人员难以承受，甚至无法睁开眼睛	
箱形	重视了人体工程学，内部空间大，乘坐舒适，有活动房屋的美称。但箱形的车身风阻面积大，从而阻碍了汽车前进的速度	
甲壳虫形	车身造型协调优美，散热器罩很精炼并具有动感，俯看整个车身呈纺锤形，很有特色。外形阻力小，但乘员活动空间较小，使人产生较强的压迫感	

续表

造 型	特 点	图 片
船形	考虑了驾驶员的操作方便性和乘客的舒适性，并且发动机前置，汽车重心相对前移，加大了行李箱的容积，使行驶更加稳定，提高了安全性能	
鱼形	汽车后窗玻璃逐渐倾斜，形成斜背式，车室宽大，视野开阔，舒适性较好，增大了行李箱的容积。但夏天车内闷热不堪，横向稳定性差	
楔形	车身前部向下方倾斜，形成风压，以防止车轮发飙，尾部如刀削般平直，有效地克服了高速行驶时所产生的升力和空气的阻力	
子弹头形	既有轿车的造型风格、操作性能和乘坐舒适性等特性，又具有小客车的多乘员和大空间的优点	

汽车外形演变的每一个时期都是围绕“高速、安全、舒适”这一主题进行的，汽车外形设计在尽力满足机械工程学和人体工程学的前提下最大限度地减少空气阻力和升力的影响，从而使汽车的性能得以提高。同时，汽车外形的演变也是汽车美学的发展。

二、现代汽车造型风格

从20世纪80年代起，汽车销售竞争越来越激烈，汽车造型成为了竞争的关键因素之一，各种风格的汽车造型在世界各地相继出现，以一浪高过一浪的趋势淹没了整个世界，造型艺术已经成为一种有力的促销手段。汽车造型风格主要有以下4种。

• 极简主义风格　这种风格所追求的是一种简洁干练的外形，一种在整体形式上能取得高度协调的统一，倡导“简洁便是美”的设计理念。Lexus LF-A概念车（图3-1）就属于典型的极简主义风格。

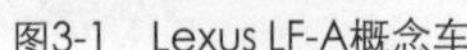

图3-1 Lexus LF-A概念车

图3-2 Beetle

• 仿生风格　生物的外形是自然进化的产物，具有神奇而美丽的形式，把生物的形式应用到了汽车设计风格中能取得一种奇特的效果，赋予汽车某种生物的灵性。Beetle（图3-2）是大众的一款经典轿车，其外形就像一只栩栩如生的甲虫，属于典型的仿生风格。

• 雕刻风格　雕刻风格主要有两种：崇高伟大风格（图3-3）和优美典雅风格（图3-4）。在现代汽车设计中，这两种风格得到了广泛的应用。

图3-3 崇高伟大风格

图3-4 优美典雅风格

• 高科技风格　伴随着现代科学技术的飞速发展，汽车设计也出现了一种倾向于表现科技，体现未来的风格，即高科技风格。这种美学风格不但吸取了雕刻风格的优点，而且在外观上还具有强烈的未来气息和高科技韵味。Audi RSQ概念车（图3-5）就属于典型的高科技风格，该车在形式上吸取了优美典雅风格的精髓，加上概念化的夸张外形、银灰的色彩搭配，整车透露出一种强烈的未来气息和高科技韵味。

图3-5 Audi RSQ概念车

任务二　汽车色彩

随着汽车工业的发展和汽车数量的增加，汽车的色彩也成为城市的一道风景线，优美的色彩设计能够提高产品的外观质量和增强产品的市场竞争能力。

一、汽车色彩的设计

汽车色彩的设计并不是随心所欲的，是要根据一系列因素来确定，如由于传统文化习惯，人们对某种色彩会产生根深蒂固的观念，不会轻易地改变（图3–6）。

• 灰色　灰色给人以朴素、柔和、含蓄之感。视觉对灰色的感觉是既不炫目也不暗淡，是一种不易产生视觉疲劳的色彩。

• 蓝色　蓝色是安静的色调，非常收敛，个性不张扬，如同星球的深邃和大海的包容，但蓝色不耐脏。

• 银色　银色是飞行器常用的色彩，象征光明、富有和高贵，具有强烈的现代感。

• 黄色　黄色光感最强，给人以欢快、温暖、活泼的感觉。黄色是膨胀色，跑车选用黄色非常合适。出租车、工程车、抢险车选用黄色醒目，以便于管理。

• 白色　白色给人以明快、活泼、大方的感觉。白色是中间色，容易与外界环境相吻合而协调，白色车身比较耐脏。另外，白色是膨胀色，容易使小车显大。

• 红色　红色给人以跳跃、兴奋、欢乐的感觉，其主要是大红色和枣红色。红色也表示雄心和勇敢，红色的赛车在赛场上疾驶，可以使比赛感觉更加激烈和刺激。同时，红色也是膨胀色，能使小车显大，跑车和运动型车比较适合这种颜色。

• 黑色　黑色是一种矛盾的颜色，既代表保守和自尊，又代表新潮和性感，给人以庄重、尊贵、严肃的感觉。高档车的黑色可以显得气派十足，但低档车最好不要选择黑色。

• 绿色　绿色是大自然的主宰色，是最能表现活力和希望的色彩，它象征着春天、生命、青春、成长，也象征安全、和平、希望。

灰色汽车　蓝色汽车

银色汽车　黄色汽车

白色汽车

红色汽车

黑色汽车

绿色汽车

图3-6 各种颜色的汽车

视频：汽车色彩

二、车身颜色的选择原则

当人们买车时，首先考虑的是汽车的品牌、性能、质量及其价位等，一旦决定了这些之后，所要考虑的是车身颜色。

据调查，私家车主大约有85%是凭个人的喜爱来选择车身颜色，仅有3%左右的人选择车身颜色时考虑了安全因素。当问及汽车的颜色与行车安全的关系时，大部分的人都表示不知道。

当然，颜色是车主个性的表现，能反映车主的情感和身份。但是，如果仅仅从喜爱的角度选择车身颜色是不够的，选择汽车车身颜色时还应考虑以下几个方面的因素。

1.汽车的使用环境

由于不同地区的阳光照射强弱不同，导致人们对不同色彩的偏爱不一样。例如，北方的冬季气候寒冷，人们一般多选暖色基调，如红色、黄色等；南方的夏季气候比较炎热，人们一般会选择冷色调，如白色、蓝色等。在美国，以纽约市为中心的大西洋沿岸的人们喜欢淡色，而在旧金山太平洋沿岸的人们则喜欢鲜明色。北欧的阳光接近发蓝的黄色，因而北欧人喜欢青绿色。意大利人喜欢黄色和红色，法拉利跑车全是红色。伊朗、科威特、沙特阿拉伯、伊拉克等国家禁忌黄色，却喜欢绿色，认为绿色是生命之源。

2.汽车的使用功能

在人们的日常生活中，对不同用途的汽车，已形成了惯用色彩。例如，消防车采用红色，使人们知道有火灾发生，赶紧避让；白色用于医疗的救护车，因为白色代表纯洁、神圣；邮政车选择绿色给人以和平、安全的感觉；军用车一般都是深绿色，使车辆与草木、地面的颜色相近，达到隐蔽安全的目的；工程车多为黄色，是运用黄色亮度高、醒目的特点，以引起行人和其他车辆的注意（图3–7）。

红色消防车

白色救护车

绿色邮政车

深绿色军用车

黄色工程车

图3-7　不同功能的汽车的颜色

3.汽车的使用对象

车身颜色，不仅是汽车的包装和品牌的标志，还反映车主的情感和身份。商务人士因业务的需要，车身颜色应体现其华贵、庄重的气质，一般选择黑色和白色；青年人充满了青春的活力，既要求汽车能够体现自身的华丽、动感，又要求体现驾车人的个性特点，所以车身颜色以轻色调为主；时尚女性都有爱美的心理，可以选择独特的颜色。

视频：汽车色彩的营销策略

另外，由于各国、各地区、各民族的社会政治、文化、经济、教育以及生活习惯的不同，对待色彩的观念也不一样，有自己偏爱和禁忌的颜色。据调查，日本的丰田公司在本国销售的车以白色为主，其次是红色、灰色等；而销往美国、加拿大的汽车以淡茶色、浅蓝色为主，其次是白色、杏黄色。

4.汽车车身颜色与安全的关系

有研究表明，车身颜色是与交通安全密切相关的，正确选择车身颜色对于减少甚至避免交通事故具有非常重要的作用。

如果有红色、黄色、蓝色、绿色4辆车与观察者保持相同的距离，红色车和黄色车看上去要离观察者近一些，而蓝色车和绿色车看上去离观察者较远。感觉离自己近的车，车主会早一点察觉到危险，从而采取避让措施。不同的颜色，也会让人产生体积大小不同的感觉。红色、黄色使人感觉体积更大，有膨胀感，不论距离远近都很容易引起注意；而同样体积的蓝色、绿色会使人感觉体积更小，有收缩感。此外，汽车颜色的深浅在不同强度的光照下的反射效果也有很大差别。有研究人员对黑、蓝、绿、银灰、白5种颜色轿车的视认性和安全性做过试验，深颜色的黑色车在凌晨和傍晚光线不好的时段，很难被识别，而浅颜色的白色和银灰色则容易被识别，所以黑色汽车的安全性较白色和银灰色差，而绿色和蓝色车的颜色安全性居中。

研究表明：撞车等交通事故的发生与汽车颜色的鲜艳程度有着密切联系，深色以及容易与道路环境相混淆的黑、绿、蓝等颜色的汽车发生交通事故的概率远高于明亮的嫩黄、米色和白色汽车。心理学家认为，视认性好的颜色能见度佳。

因此，从安全的角度考虑，汽车色彩最好是选择浅颜色或膨胀色，有利于减少交通事故。

三、内饰颜色的选择

汽车内饰的颜色也很重要，同样影响行车的安全。内饰颜色对驾驶员、成员的情绪具有一定的影响，会在很大程度上影响行车的安全和乘坐人员的心理感受。

图3-8　汽车内饰

一般来说，颜色的重量感主要取决于色彩的明度，暗色给人以重的感觉，明色给人以轻的感觉；淡的亮色使人觉得柔软，暗的纯色则具有较为强硬的感觉。如果内饰采用明快的配色，能给人以宽敞、舒适的感觉。夏天最好采用冷色，冬天最好采用暖色，可以调节冷暖感觉。由于其他部位的内饰颜色不宜改变，因而，大多数汽车的内饰颜色是通过座套、坐垫、地垫的更换来改变颜色（图3–8）。

项目小结

汽车外形的演变是机械工程学、人机工程学和空气动力学三者的有机结合。车身的发展经历了马车形、箱形、甲壳虫形、船形、鱼形、楔形和子弹头形7种形态的演变和发展。汽车色彩有三要素：色相、纯度、明度，它们与汽车车身的颜色及行车安全息息相关。由于传统文化、习惯等因素的作用，人们对某种色彩会产生根深蒂固的观念，不会轻易地改变。汽车车身的颜色同时影响4个方面，即使用功能、使用环境、使用对象和行驶安全，因此，在购车中应综合考虑。从安全角度考虑，汽车车身的颜色宜选择浅颜色和膨胀色。

思考与练习

简答题

1.设计汽车外形时，需要考虑哪3个方面的主要因素？

2.甲壳虫形汽车和鱼形汽车都是流线型汽车，两者有何本质区别？

3.选择汽车车身颜色时，应该考虑哪几个方面的因素？

4.请举出3种较安全的汽车车身颜色。

5.选择汽车内饰的颜色时，主要应该考虑什么因素？

项目四　世界主要汽车生产厂家、品牌及标志

学习目的

1. 能描述世界著名汽车公司的概况。
2. 能阐明世界著名汽车标志的外形。
3. 能概述汽车标志产生的背景及所包含的意义。
4. 能通过汽车的标志知道汽车的生产公司及属于哪一个国家。
5. 能说明各国汽车生产的特点。

任务一　国外汽车生产厂家、品牌及标志

一、美国汽车品牌

1.通用汽车公司

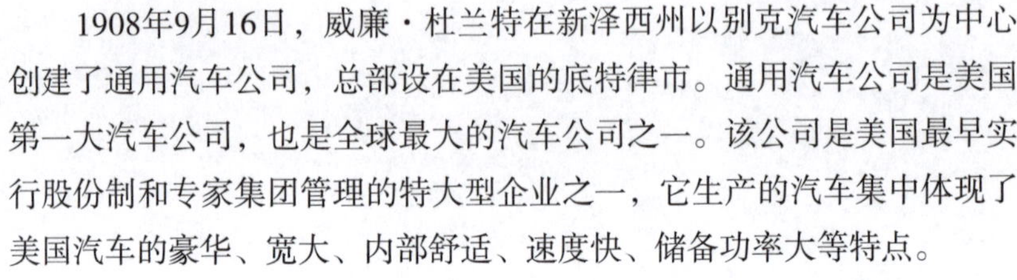

1908年9月16日，威廉·杜兰特在新泽西州以别克汽车公司为中心创建了通用汽车公司，总部设在美国的底特律市。通用汽车公司是美国第一大汽车公司，也是全球最大的汽车公司之一。该公司是美国最早实行股份制和专家集团管理的特大型企业之一，它生产的汽车集中体现了美国汽车的豪华、宽大、内部舒适、速度快、储备功率大等特点。

图4-1　通用汽车公司的标志

通用汽车公司的车标如图4–1所示。其中，“GM”是美国通用汽车公司名称的缩写，取自通用汽车公司（General Motors Corporation）英文全称前两个单词的首字母。

通用汽车公司的轿车部门有6个部，从高档车部到中、低档车部，分别针对不同的消费群体，它们依次是：凯迪拉克部、别克部、旁蒂克部、奥兹莫比尔部、雪佛兰部、土星部。

（1）凯迪拉克部

凯迪拉克部的前身是凯迪拉克汽车公司，创建于1902年，创始人是亨利·利兰德。1909年，凯迪拉克汽车公司加入了通用汽车公司。

凯迪拉克汽车部以生产豪华舒适的高级轿车闻名于世，它是美国汽车技术和工艺水平的代表，历史上的一些美国总统和许多国家的元首都以凯迪拉克轿车作为专车。

图4-2　凯迪拉克的标志

凯迪拉克的标志（图4–2）上为冠、下为盾、周围为郁金花花瓣构成的花环，冠上的7颗珍珠显示出皇室贵族的尊贵血统，盾象征着凯迪拉克军队的英勇，花环表示荣誉。车标喻示着凯迪拉克牌汽车的高贵和气派。后来，凯迪拉克设计了新标志（图4–3），整体以铂金颜色为底色，花冠保留了原有的色彩组合，只不过没有了6只小鸟。新标志比喻凯迪拉克汽车的高贵、豪华、气派和潇洒，用凯迪拉克骑士们的英勇善战、攻无不克比喻凯迪拉克牌汽车具有巨大的市场竞争力。

图4-3　凯迪拉克的新标志

（2）别克部

别克汽车公司创建于1903年5月19日，创始人是大卫·别克，他是一位发明家和机械工程师。别克汽车部引以为豪的是在许多方面居于世界领先地位，如首创顶置气门发动机、转向信号灯、染色玻璃、自动变速器等。别克汽车部主要生产别克—王朝、别克—公园大道、别克—世

纪等类型的轿车。

别克车标的“三盾”标志（图4–4）是3种不同颜色（从左到右为红、白、蓝），依次排列在不同高度上的利剑，表示积极进取、不断攀登的理念；表示别克部采用顶级技术，刃刃见锋；也表示别克部培养出的人才个个游刃有余，是无坚不摧、勇于登峰的勇士。

图4-4　别克标志

视频：上海通用别克英朗

（3）旁蒂克部

通用汽车公司旁蒂克汽车部原为奥克兰汽车公司，由一位年轻的实业家爱德华·墨菲于1907年8月28日创建。1909年4月9日，奥克兰汽车公司加入通用汽车公司，1932年4月6日起，奥克兰汽车公司正式更名为旁蒂克汽车部。旁蒂克汽车部主要生产旁蒂克、玻纳维利、火鸟等型号的轿车。

旁蒂克的标志是带十字的箭头（图4–5），表示旁蒂克汽车是通用公司的成员，也象征着旁蒂克汽车安全可靠；箭头则代表旁蒂克的技术超前和攻关精神。

图4-5　旁蒂克标志

（4）奥兹莫比尔部

通用汽车公司奥兹莫比尔汽车部原为奥兹汽车公司，由兰塞姆·奥兹于1897年8月21日创建，是美国最早的汽车公司之一。1908年11月12日，奥兹汽车公司并入通用汽车公司，更名为奥兹莫比尔汽车部。

奥兹莫比尔的标志（图4–6）是在一个红色地面上有一架简化的飞机，周围绘有白、黄两种颜色的花边。飞机图案象征着该部积极向上和勇往直前的创新精神，也象征着该部的汽车像飞机那样快速、舒适。

图4-6　奥兹莫比尔标志

视频：雪佛兰60年历史

（5）雪佛兰部

雪佛兰汽车部原是密执安雪佛兰汽车公司，创建于1911年11月3日，创始人是威廉·杜兰特和瑞士人路易斯·雪佛兰。1918年5月，雪佛兰汽车公司并入通用汽车公司，它是通用汽车公司最大的分部。

雪佛兰汽车的标志（图4–7）是由图形和文字两部分组成的，于1914年首次使用。在西方社会里，领结是人人喜爱的饰物，不但体现着大众文化，更标志着贵族的气派。

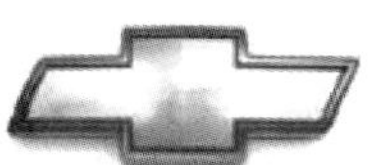

图4-7　雪佛兰汽车标志

雪佛兰汽车部对汽车的造型非常重视，成立了“色彩与美术部”，专门负责汽车造型设计。由于雪佛兰汽车在水箱通风罩上增添了豪华装饰件，且色彩多样，从而赢得了用户喜爱，垄断了汽车市场20年之久的福特T型车终于被击败了，通用汽车公司也从此取代了福特汽车公司登上汽车霸主的地位。

克尔维特是雪佛兰部生产的高级跑车。这个名字是沿用17世纪英国一种炮舰的名称，其含义是向当时风行的英国跑车挑战。克尔维特的标志（图4–8）是在椭圆内交叉嵌套着两面旗帜，那面黑白相间的旗

图4-8　克尔维特标志

帜表示该车是参加公路大赛的运动车，红色旗帜上的蝴蝶结表示该车由雪佛兰汽车部制造，而下面的奖杯和花朵则代表夺魁后的欢呼和成功的纪念。

雪佛兰汽车部主要生产罗米娜、可喜佳、克尔维特等型号的轿车。

（6）土星部

土星部是通用公司建成最晚的分部，也是唯一一个从通用公司内部建立起来的分部，其分部设在田纳西州的春山市。土星是通用汽车公司最年轻的品牌，它以市场需求为准绳，创新立异，生产一种现代化的经济省油的小型汽车。土星汽车部生产的车型有土星SW旅行车、土星SC运动车、土星SL轿车等。

图4-9　土星标志

土星的标志（图4-9）采用的是土星光环的图案，给人一种高科技、新观念、超时空的感觉，寓意土星汽车技术先进，设计超前且最具有时代魅力。

2.克莱斯勒汽车公司

克莱斯勒汽车公司创建于1925年，目前是美国第三大汽车公司，创始人是沃尔特·克莱斯勒，总部设在底特律市。

图4-10　克莱斯勒汽车公司的标志

克莱斯勒汽车公司的标志（图4-10）是一枚五角星勋章，它体现了克莱斯勒家族和员工们的远大理想和抱负，以及永无止境的追求和在竞争中获胜的奋斗精神。五角星的5个部分表示五大洲都在使用克莱斯勒汽车公司的汽车，克莱斯勒汽车遍及全世界。

目前，克莱斯勒采用的标志（图4-11）是在花形图案中有“CHRYSLER”字样。

图4-11　克莱斯勒新标志

克莱斯勒汽车公司拥有3个分部：克莱斯勒—顺风分部、道奇分部、吉普—鹰分部。克莱斯勒汽车公司于1998年11月12日与德国的戴姆勒—奔驰公司合并为戴姆勒—克莱斯勒汽车公司。

（1）顺风部

顺风部也称普利茅斯部，普利茅斯是克莱斯勒公司的一个中级轿车品牌。普利茅斯的英文Plymouth是英国一个著名港口的名字，当年一批僧侣乘坐米福拉瓦号帆船从英国的这个港口到美国去，名字中有一帆风顺的含义，所以也有人把这种车型称作顺风牌。普利茅斯的车标图案（图4-12）就是当年僧侣乘坐过的帆船“珠夫拉瓦”号的船帆图案，体现了普利茅斯的创新精神。

图4-12　普利茅斯标志

（2）道奇部

1914年，道奇兄弟创建了道奇（Dodge）汽车公司，1928年道奇汽车公司加入克莱斯勒公司而成为克莱斯勒的一个分部。

图4-13　道奇标志

道奇汽车的标志（图4-13）是在一个五边形中有一个羊头形象，该车标象征“道奇”车强壮剽悍、善于决斗，表示道奇部的产品朴实无华、美观大方。

蝰蛇“Viper”跑车是克莱斯勒公司道奇部生产的名车。蝰蛇跑车的车标（图4-14）是一条张着血盆大口的蝰蛇，象征其勇猛无比。蝰蛇是美国最凶猛的蛇种之一，用“蝰蛇”作为产品商标，其用意就在于此。

图4-14 蝰蛇标志

（3）吉普—鹰部

20世纪80年代，原美国汽车公司（AMC）被克莱斯勒公司兼并以后，成为了现在的吉普—鹰部。吉普—鹰部是克莱斯勒汽车公司专门生产轻型越野车的分部，是世界上最大的越野汽车制造厂。

吉普—鹰部的标志是一只鹰（图4-15）。鹰在美国被喻为神鸟，鹰也是美国人对著名战斗机驾驶员的俚称。所以，克莱斯勒公司用鹰作为吉普部的名称和标志，表示该部具有雄鹰的优秀品质，能迎风斗险，勇攀技术高峰。

图4-15 鹰•吉普标志

切诺基汽车是吉普—鹰部生产的越野汽车，是吉普发展史上最重要的车型之一。切诺基的名字取自美洲印第安部族的土著人，他们世代居住在山区，由于生活和狩猎的需要，擅长在山地攀行，以此表示切诺基汽车能攀过岩石、涉过泥水，具有优良的越野性。

3.福特汽车公司

福特汽车公司创建于1903年6月16日，创始人是亨利·福特，总部设在底特律市。

1908年，福特汽车公司生产出世界上第一辆属于普通百姓的T型车。1913年，福特汽车公司又开发了世界上第一条流水线。福特先生为此被尊为“为世界装上轮子”的人。

福特集团拥有很多世界著名的汽车品牌：福特（Ford）、林肯（Lincoln）、水星（Mercury）、阿斯顿·马丁（Aston Martin）等。

（1）福特

福特汽车公司的标志（图4-16）是采用福特英文“Ford”字样，蓝底白字。由于创始人亨利·福特很喜欢小动物，所以标志设计者将其画成一个小白兔样子的图案。活泼可爱、充满活力的小白兔既象征福特汽车奔驰在世界各地，又暗示了亨利·福特对动物的宠爱。

图4-16 福特汽车公司的标志

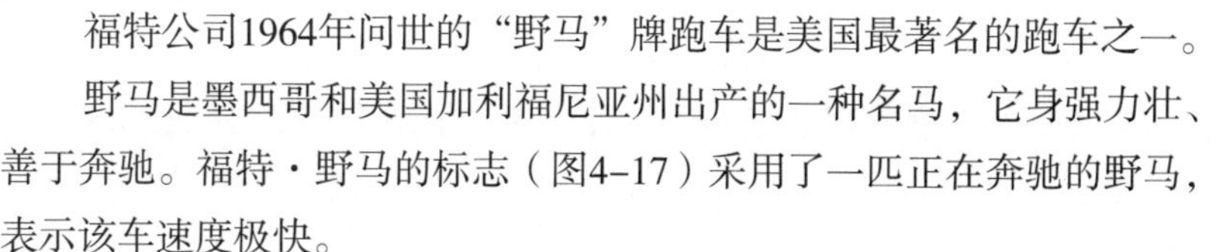

福特公司1964年问世的“野马”牌跑车是美国最著名的跑车之一。

野马是墨西哥和美国加利福尼亚州出产的一种名马，它身强力壮、善于奔驰。福特·野马的标志（图4-17）采用了一匹正在奔驰的野马，表示该车速度极快。

图4-17 福特·野马的标志

（2）林肯和水星

水星品牌是福特汽车公司自创的第二个品牌，林肯是福特汽车公司拥有的第三个品牌。

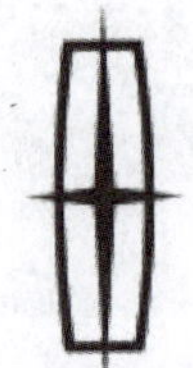

图4-18 林肯轿车标志

林肯轿车是以美国第16任总统亚伯拉罕·林肯的名字来命名的，林肯牌轿车也成为美国历届总统的首选用车。其标志是在一个矩形中含有一个闪闪放光的星辰（图4-18），表示林肯总统是美国联邦统一和废除奴隶制的启明星，也喻示福特·林肯牌轿车光辉灿烂。

图4-19 水星汽车的标志

水星汽车是采用太阳系的水星作为车标图案（图4-19），在一个圆中有3条行星轨道，表明水星汽车具有太空科技和超时空创造力。

（3）阿斯顿·马丁

阿斯顿·马丁·拉贡达公司是由阿斯顿·马丁和拉贡达两家公司合并而成的，以生产敞篷旅行车、赛车和限量版跑车而闻名于世。

阿斯顿·马丁是英国豪华轿车、跑车生产厂，建于1913年，创始人是莱昂内尔·马丁和罗伯特·班福德。公司设在英国新港市，现为美国福特汽车公司子公司。

图4-20 阿斯顿·马丁汽车标志

阿斯顿·马丁汽车标志（图4-20）为一只展翅飞翔的大鹏，喻示该公司像大鹏一样，具有从天而降的冲刺速度和远大的志向。

二、德国汽车品牌

1.戴姆勒—奔驰汽车公司

戴姆勒—奔驰汽车公司创立于1926年，创始人是卡尔·本茨和戈特利布·戴姆勒，总部设在斯图加特。

视频：奔驰GLS

（1）奔驰

图4-21 奔驰标志的演变

奔驰的标志来源于戴姆勒给他妻子的信中，里面曾画了一颗三叉星，这颗三叉星象征着奔驰汽车公司向海陆空3个方向发展。1916年，奔驰公司在它的四周加上了一个圆圈，在圆的上方镶嵌4颗小星，下面有MERCEDES字样，取代了原来的文字商标，4颗星分别代表技术、品质、服务和发展，大三叉星则延续了原来的含义。原奔驰公司的车标也是一个圆形图徽，中间是BENZ字样，两侧则以月桂环绕，代表吉祥、胜利之意。

1926年，奔驰公司和戴姆勒公司合并以后，两者的标志也结合起来，用奔驰的月桂环绕着戴姆勒的三叉星，将MERCEDES字样放在上面，BENZ字样放下面，形成了戴姆勒—奔驰公司最初的标志。现在戴姆勒—奔驰公司的标志是一个形似汽车转向盘的环形圈围绕一颗闪闪发光的三叉星，下面是以月桂环绕的带MERCEDES和BENZ字样的底座。三叉星象征着该公司向陆海空3个方向发展，环形圈显示其营销全球的发展势头（图4-21）。

（2）迈巴赫

迈巴赫品牌首创于20世纪20年代。创始人威廉·迈巴赫被誉为“设计之王”，他不但是戴姆勒—奔驰公司的三位主要创始人之一，更是世界首辆梅赛德斯—奔驰汽车的发明者之一。

迈巴赫品牌标志（图4–22）由两个交叉的M围绕在一个球面三角形里组成，现在的轿车将仍采用这个经典的标志，不过其含义与以前有所不同，以前双M代表“迈巴赫汽车”，现在双M代表“迈巴赫制造”。

图4-22　迈巴赫品牌标志

2.大众汽车公司

大众汽车公司成立于1938年，创始人是世界著名的汽车设计大师费迪南德·波尔舍，总部位于德国的沃尔夫斯堡。大众公司是欧洲最大的汽车公司，也是世界汽车行业中最具实力的跨国公司之一。

大众汽车集团有大众和奥迪两大品牌，各自独立管理其品牌群。奥迪品牌群包括奥迪、SEAT（西亚特）和兰博基尼3个品牌。大众品牌群包括大众、斯柯达、宾利和布加迪4个品牌。各个品牌均有自己的标志，自主经营。

（1）大众

图4-23　大众汽车公司的标志

大众汽车公司的标志（图4–23）图案简洁、大方、明了。Volk是德语，意思是为人民、民族。Wagen是英语，指车。标志中的VW是Volks Wagenwerk的缩写，表示人民的车、老百姓的车，这是公司创建时的宗旨。因此，它既是公司的标志，也是汽车的商标。标志像是由3个用中指和食指作出的V组成，即胜利（Victory）的第一个字母，表示大众公司及其产品“必胜—必胜—必胜”。从这个徽标中可以看出，大众公司立足做大众车，并且坚信自己一定能够成功。

1982年，大众汽车公司与中国签订了在上海合资生产桑塔纳轿车的协议。1985年，上海大众汽车有限公司成立，开始生产上海桑塔纳轿车。1990年11月，一汽大众汽车有限公司成立。

（2）奥迪

奥迪汽车公司现为大众汽车公司的子公司，总部设在德国的英戈尔施塔特。

1988年10月1日，德国大众汽车公司在中国与一汽合作，开始在中国生产奥迪轿车。

图4-24　奥迪轿车的标志

奥迪轿车的标志（图4–24）是四连环圆圈。这4个圆圈表示当初是由4家公司合并而成的，半径相等的4个紧扣圆环，象征公司成员平等、互利、协作的亲密关系和奋发向上的敬业精神。寓意为4家公司如同兄弟4人手挽手共同前进。

（3）兰博基尼

兰博基尼汽车公司创建于1961年，创始人是弗鲁西欧·兰博基尼，以其姓氏为公司命名，主要生产跑车和赛车。

兰博基尼公司的标志（图4–25）是一头蛮劲十足的斗牛，全身充满力气，正准备出击，寓意该公司生产的赛车功率大，速度快，战无不胜。

图4-25　兰博基尼公司的标志

视频：兰博基尼

（4）西亚特

图4-26 西亚特标志

西亚特（SEAT）是西班牙最大的汽车公司，1950年成立于巴塞罗那，现为德国大众汽车公司的子公司。西亚特的标志（图4-26）是一个字母“S”，中间的两条横线表示道路，象征有路的地方就有西亚特汽车。

（5）斯柯达

斯柯达汽车公司位于捷克的姆拉达·博雷斯拉夫，斯柯达是捷克最大的汽车公司。斯柯达成为德国大众旗下继大众、奥迪、西亚特后的第四大品牌。

图4-27 斯柯达的标志

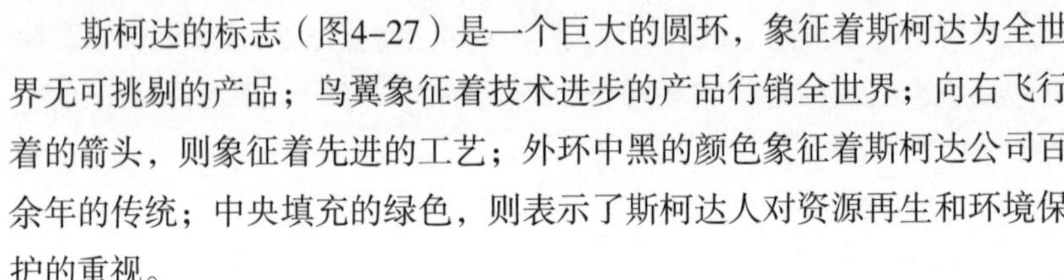
斯柯达的标志（图4-27）是一个巨大的圆环，象征着斯柯达为全世界无可挑剔的产品；鸟翼象征着技术进步的产品行销全世界；向右飞行着的箭头，则象征着先进的工艺；外环中黑的颜色象征着斯柯达公司百余年的传统；中央填充的绿色，则表示了斯柯达人对资源再生和环境保护的重视。

（6）布加迪

布加迪公司创建于1909年，创始人是人埃多尔·布加迪，专门生产运动跑车和高级豪华轿车，布加迪是目前古典老爷车中保存量最多的车型之一。布加迪原属意大利品牌，1998年被大众收购。

布加迪汽车与众不同的最大特点就是艺术美，它把艺术与汽车设计完美结合的程度无人能比。布加迪品牌是世界汽车设计史上一座重要的里程碑。

图4-28 布加迪的标志

布加迪标志（图4-28）中的英文字母即为布加迪，上部为EB，周围一圈小圆点象征滚珠轴承，底色为红色。

（7）宾利

视频：宾利

图4-29 宾利汽车公司标志

宾利汽车公司于1919年8月成立，创始人是沃尔特·欧文·本特利，该公司主要生产运动车。1931年，宾利汽车公司被劳斯莱斯汽车公司兼并，1998年，大众公司又收购了宾利汽车公司。

宾利汽车公司的标志（图4-29）是以公司名的第一个字母“B”为主题，生出一对翅膀，像凌空翱翔的雄鹰，整个标志庄严又不失霸气，夺目而不显张扬，喻示着宾利汽车公司在全球范围内的无限发展能力。

3.宝马汽车公司

宝马是驰名世界的汽车企业之一，也被认为是高档汽车生产者的先导。宝马公司创建于1916年，总部设在德国慕尼黑。BMW是巴依尔汽车工业有限公司的前身巴依尔发动机厂（Baye-rische Motoren Werhe）的首字母缩写。

宝马汽车公司旗下有3个品牌，分别是宝马、迷你、劳斯莱斯。

（1）宝马

宝马汽车的标志（图4–30）采用中间是蓝白相间的图案，代表蓝天、白云和旋转不停的螺旋桨，喻示宝马公司渊源悠久的历史，象征该公司过去在航空发动机技术方面的领先地位，又象征公司一贯的宗旨和目标：在广阔的时空中，以先进的精湛技术、最新的观念，满足顾客的最大愿望，反映了公司蓬勃向上的气势和日新月异的新面貌。

图4-30　宝马汽车的标志

宝马是宝马汽车集团的第一个品牌，也是最重要的品牌。

（2）迷你

在宝马集团内，迷你是一个独特、独立的品牌，诞生于1959年，设计别具一格。迷你汽车标志（图4–31）设计焕然一新，舍弃了经典的形象，换上了新潮的设计与包装。

图4-31　迷你汽车标志

（3）劳斯莱斯

劳斯莱斯（ROLLS–ROYCE）公司正式成立于1906年3月，是由劳斯汽车销售公司和莱斯汽车制造公司联合而成，并以创始人查尔斯·劳斯和亨利·莱斯的姓氏命名。劳斯莱斯本来是英国的一个品牌，1998年，宝马购买了劳斯莱斯轿车有限公司，现成为宝马的一个子公司。

图4-32　劳斯莱斯汽车的标志

劳斯莱斯汽车的标志（图4–32）图案采用两个R重叠在一起，象征着你中有我，我中有你，寓意着团结奋进、精诚合作、共同创业的精神。

劳斯莱斯轿车以外形独特、古色古香、性能优良而驰名世界，是当今世界最尊贵、最豪华、最气派的轿车，被喻为帝王之车，在世界车坛上享有崇高的地位。

4.保时捷汽车公司

保时捷是德国著名汽车公司，1930年由费迪南德·波尔舍教授创建于斯图加特。波尔舍是一位享誉世界车坛的著名设计师，20世纪30年代中叶曾为德国大众汽车公司设计过风靡全球的甲壳虫轿车。保时捷以生产高级跑车而闻名于世。

公司的标志（图4–33）采用斯图加特市的标志。徽章中央是一匹马，上部标有STUTTGART（斯图加特）字样。在历史上，斯图加特早在16世纪就是名马产地，保时捷标志的左上方和右下方是鹿角的图案，表明该地也曾是狩猎的场所。右上方和左下方的黄色条纹是成熟麦穗的颜色，意味着肥沃的土地和带给人们的幸福，红色则象征着人们的智慧。

图4-33　保时捷公司的标志

三、法国汽车品牌

1.标致—雪铁龙汽车公司

标致—雪铁龙集团是欧洲第二大汽车制造厂。1976年，标致汽车公司吞并了历史悠久的雪铁龙公司，从而成为一家以生产汽车为主的跨国工业集团，成为法国最大的汽车企业集团。

目前，标致—雪铁龙集团拥有标致和雪铁龙两大品牌。他们各自独立经营，有不同的销售网络、商务运作和产品。

（1）标致

标致汽车公司是世界上十大汽车公司之一，法国最大的汽车集团，创立于1890年，创始人是阿尔芒·标致。标致汽车公司的总部在法国巴黎。

标致汽车的标志（图4–34）是一尊小狮子，非常别致有品位，其简洁、明快、刚劲的线条，象征着更为完美、更为成熟的标致汽车。这独特的造型，既突出了力量又强调了节奏，更富有时代气息。古往今来，狮子的雄悍、英武、威风凛凛被人们视为高贵和英雄，古埃及的巨大雕塑“斯芬克斯”就是人首狮身，以代表法老的威严和英武。所以，标致公司为使用“狮子”商标而感到自豪。

图4-34 标致汽车标志

（2）雪铁龙

雪铁龙汽车公司是法国的第三大汽车公司，它创立于1915年，创始人是安德烈·雪铁龙。雪铁龙汽车公司总部设在法国巴黎。

1900年，安德烈·雪铁龙发明了人字形齿轮。1912年，安德烈·雪铁龙开始使用人字形齿轮作为雪铁龙公司产品的标志。

由于雪铁龙汽车公司的前身是雪铁龙齿轮公司，所以其标志（图4–35）是人字形齿轮的一对齿轮，象征人们密切合作，同心协力，步步高升。

图4-35 雪铁龙汽车标志

2.雷诺汽车公司

法国雷诺汽车公司是世界十大汽车公司之一，法国第二大汽车公司。它创立于1898年，创始人是路易斯·雷诺。如今的雷诺汽车公司已被收为国有，是法国最大的国有企业。

雷诺汽车公司的标志（图4–36）是以创始人的姓氏命名的，是由4个菱形拼成的图案，象征雷诺三兄弟与汽车工业融为一体，表示雷诺能在无限（四维）的空间中竞争、生存、发展。

图4-36 雷诺汽车标志

四、意大利汽车品牌

菲亚特是意大利汽车的代名词，菲亚特汽车公司是世界十大汽车公司之一。菲亚特汽车公司创始于1899年7月，总部在意大利都灵市，创始人是乔瓦尼·阿涅利。它是世界上第一个生产微型车的汽车生产厂家。公司全称是意大利都灵汽车制造厂，菲亚特（FIAT）是该公司缩写的译音。旗下的主要品牌有菲亚特（FIAT）、玛莎拉蒂、法拉利、阿尔法·罗密欧、蓝旗亚以及依维柯等。

（1）菲亚特

菲亚特（FIAT）是意大利都灵汽车制造厂（Fabbrica Italiana di Automobila Torino）的译文缩写，在英文中的词义为“法会”“许可”“批准”。该公司一直使用FIAT作为标志，只是形状和色彩不断改进。

1931年，菲亚特汽车采用5条倾斜平行的图案作标志，它像飞机在天空中飞行留下的航道，越飞越高，象征该公司生产的汽车遍布世界五大洲。1980年，开始使用无根短柱斜置平行排列的新标志。为了庆祝公司的100年诞辰，1999年，菲亚特标志被更新为圆形，并用于汽车上。2006年更改为外部为圆形，内部近似矩形的标志（图4-37）。

图4-37　菲亚特汽车标志的演变历史

（2）玛莎拉蒂

玛莎拉蒂汽车公司由玛莎拉蒂家族创建于1926年，是专门生产运动车的公司，在欧洲具有很高的知名度。玛莎拉蒂运动车在造型上，将自己的传统风格与流行款式相结合，在外观造型、机械性能、舒适安全性等各方面都是一流的。

玛莎拉蒂汽车公司的标志（图4-38）为树叶形的底座置于一个椭圆中，其上放置一件三叉戟。这是该公司所在博洛尼亚市的市徽，相传是希腊神话中的海神纳普丘手中的武器，它显示出海神巨大无比的威力。该标志表示玛莎拉蒂牌汽车就像浩渺无垠的大海咆哮澎湃，隐喻了玛莎拉蒂汽车快速奔驰的潜力。

图4-38　玛莎拉蒂汽车公司的标志

（3）法拉利

法拉利汽车公司是意大利超级跑车制造商，创建于1929年，创始人是世界赛车冠军、创时代的汽车设计大师恩佐·法拉利，总部设在意大利跑车之都——莫迪纳，现为菲亚特公司的子公司。法拉利汽车大部分都采用手工制造，因而产量很低。

法拉利汽车的标志（图4-39）是一匹跃起的马。在第一次世界大战中，意大利有一位表现出色的飞行员，他的飞机上就有这样一匹会给他带来好运的跃马。在法拉利最初的比赛胜利后，飞行员的父母亲，一对伯爵夫妇建议：法拉利也应在车上印上这匹带来好运的跃马。后来这位飞行员战死后，马就变成了黑颜色。而标志底色为公司所在地摩德纳特有的金丝雀的颜色。

图4-39　法拉利车的标志

（4）阿尔法·罗密欧

阿尔法·罗密欧汽车公司是意大利高级轿车、跑车和赛车的制造商，创建于1910年，总部设在意大利北部工业城市米兰。公司从1920年起开始使用阿尔法·罗密欧的名称。该公司生产的车是意大利著名设计师设计的，有浓烈的意大利风采、优雅的造型和超群的性能，在世界车坛上一直享有很高的声誉。1987年，菲亚特汽车公司收购了该公司，其现为菲亚特的子公司，仍保留了原来的标志。

图4-40　阿尔·罗密欧汽车的标志

阿尔法·罗密欧汽车的标志（图4-40）于20世纪30年代初就开始使用，此标志是米兰市的市徽，也是中世纪米兰的领主维斯康泰公爵的家徽，其左边的十字部分来源于十字军从米兰向外远征的故事，右边刻绘了一条正在吞食撒拉逊的蛇，它象征着领主维斯康泰的祖先击退使城市人民遭受苦难的“巨蛇”的传说。

（5）蓝旗亚

蓝旗亚汽车公司是意大利高级轿车、跑车的制造商，创建于1906年，创始人是文森佐·蓝旗亚，总部设在意大利都灵，现为菲亚特公司的子公司。

图4-41　蓝旗亚汽车的标志

蓝旗亚汽车的标志（图4–41）有双重含义：一是取自公司创始人之一的文森佐·蓝旗亚的姓氏；二是蓝旗亚在意大利语中解释为长矛，骑着高头大马，手持挂旗的长矛者是中世纪意大利骑士的主要特征。最早的标志是在旗子的周围加上车轮形状的圆圈，从20世纪50年代开始才把图案置于盾形框架之中。标志以长矛画面为主题，代表了企业不畏艰难的拼搏精神，加上旗帜上的英文“Lancia”简洁地体现出了“蓝旗亚”的全部意义。

五、日本汽车品牌

1.丰田汽车公司

丰田汽车公司是日本最大的汽车公司，总部设在日本东京，创立于1933年，创始人是丰田喜一郎。

丰田喜一郎的指导思想是：贫穷的日本需要便宜的汽车，生产廉价的汽车是公司的责任。后来，丰田公司确立了“用低价成本、大批量的生产方式生产高质量的汽车，进而加入世界第一流汽车工业”的方针。

公司自2008年开始逐渐取代通用汽车公司而成为全世界排名第一位的汽车生产厂商。旗下品牌主要包括丰田、雷克萨斯、皇冠等。

（1）丰田

图4-42　丰田汽车标志

20世纪90年代，丰田汽车开始使用新标志（图4–42），它是将3个外形近似的椭圆巧妙地组合在一起，每个椭圆都是以两点为圆心绘制的曲线组成，它象征用户的心与汽车厂家的心是连在一起的，具有相互信赖的感觉，同时使图案具有空间感，并将拼音TOYOTA字母置于图形商标之中。大椭圆中的两个椭圆垂直交叉恰好组成一个T字，T字代表丰田汽车公司，大椭圆表示地球，中间的T字与外面的椭圆重叠，使T字最大限度地占据了椭圆空间，喻示丰田汽车走向世界。

（2）雷克萨斯

雷克萨斯又名凌志，是1983年丰田汽车公司专门在国外销售豪华轿车的一个分部。凌志的车名是丰田花费3.5万美元请美国一家起名公司命名的。因为凌志（Lexus）的读音与英文豪华（LUXE）一词相近，使人们联想到豪华轿车。凌志轿车的标志（图4-43）采用名称Lexus第一个字母L的大写，L的外面用一个椭圆包围着的图案，椭圆代表地球。

图4-43 雷克萨斯轿车的标志

（3）皇冠

皇冠是丰田汽车公司生产的一款外形美观、线条流畅、性能优越的中级轿车，该车于1955年1月1日在日本下线，行销世界各地。皇冠是丰田汽车公司的代表车型之一，被称为丰田汽车公司的旗舰。皇冠汽车的标志（图4-44）是一顶象征王位的皇冠，它象征着该车是日本国产车的王者。

图4-44 皇冠汽车的标志

2.日产汽车公司

日产汽车公司是日本第二大汽车制造商（仅次于丰田），也是世界十大汽车公司之一。自创立至今，日产汽车公司在全球累计生产销售了超过1亿辆汽车。

日产汽车公司的经营战略有两大特色：一是浓厚的技术色彩，热衷于技术的创新和应用；二是国际化的设计、生产方针。日产汽车公司先后建立了美国日产汽车创造公司、牛津大学日产研究所、英国日产汽车制造公司、日产北美公司等。日产汽车有两大品牌系列：一是日产系列，另一个是无限系列。

日产是日本产业公司隶属下的汽车制造公司的简称，也是其汽车产品的品牌。日产汽车的标志（图4-45）以简洁明了的圆表示太阳，中间的长方形上带有“日产”的英文，整个图案表明了日产汽车公司位于“日出之国”的日本。日产的日语读音近似“尼桑”，所以也被音译为“尼桑”。

图4-45 日产汽车的标志

3.本田汽车公司

本田汽车公司创建于1948年9月，创始人是本田宗一郎，于1962年开始生产汽车。公司总部设在日本东京。本田先后建立了本田美国公司、本田亚洲公司、本田英国公司，现已成为一个跨国汽车、摩托车生产销售集团。

本田宗一郎在创建本田汽车公司时，用自己的姓氏作为公司的名称和标志。本田的标志（图4-46）中的H字母是本田宗一郎名字的第一个字母，H字母外边用方框围着。这个标志体现出技术创新、职工

图4-46 本田汽车标志

完美和经营坚实的特点，同时还有紧张感和可以放松一下的轻松感。

4.马自达汽车公司

马自达汽车公司的前身是1920年创立的东洋软木工业株式会社，生产的汽车用公司创始人“松田”来命名，又因“松田”的拼音为MAZDA（马自达），所以人们便习惯称其为马自达。公司总部设在日本广岛县安君府，1984年正式更名为马自达公司。

图4-47　马自达标志

马自达起初使用的车标是在椭圆之中有双手捧着一个太阳，寓意马自达公司将拥有明天，马自达汽车跑遍全球。

马自达汽车公司与福特公司合作之后，采用了新的标志（图4-47），椭圆中展翅飞翔的海鸥，同时又组成“M”字样。“M”是“MAZDA”的第一个大写字母，预示着该公司将展翅高飞，以无穷的创新和真诚的服务迈向新世纪。

5.五十铃汽车公司

图4-48　五十铃汽车标志

五十铃汽车公司的前身是东京石川岛造船所，1949年改名为五十铃汽车公司。现在总部设在日本东京。

五十铃汽车公司的标志（图4-48）使用双柱形式，标志中的左边那根柱子象征着和用户并肩前进的五十铃公司，右边那根柱子象征着与世界各国合作发展的五十铃公司。

6.三菱汽车公司

图4-49　三菱汽车公司的标志

三菱汽车公司的创始人是岩崎弥太郎，其总部设在日本东京，属于三菱集团的核心企业之一。三菱汽车公司于1970年从三菱重工业公司独立出来，是日本汽车行业中最年轻的汽车制造公司。

三菱汽车公司的标志（图4-49）已有100多年的历史，从1873年三菱集团的创始人岩崎弥太郎将99商会改称为三菱商会时，便开始使用三菱商标。这是三菱车厂创始人家族的徽号，从几个世纪前的三片树叶演变成今天的三个菱形，表达了企业遵循的原则：承担对社会的共同责任；城市与公平；通过贸易促进国际谅解与合作。

六、其他国家汽车品牌

1.韩国现代汽车公司

现代汽车公司是韩国最大的汽车公司，创建于1967年12月，创始人是郑周永，总部设在韩国首尔。与全球其他领先的汽车公司相比，现代汽车历史虽短，却浓缩了汽车产业的发展史，它从建立工厂到能够独立自主开发车型仅用了18年，到2015年，现代汽车公司的年销量在全球汽车公司中排名第5位。

图4-50　现代汽车标志

现代汽车的标志（图4-50）是在椭圆中采用斜体字“H”，“H”

为现代公司英文拼音Hyundai的第一个大写字母。椭圆既代表汽车的转向盘，又可看作地球，与其间的H结合在一起，代表了现代汽车遍布全世界的意思。

2.捷克太脱拉汽车公司

太脱拉汽车厂是世界上著名的重型载货汽车生产企业，有着悠久的历史。该公司创立于1850年，目前主要生产载货汽车和轿车。

太脱拉汽车制造厂和汽车名称是以捷克最高的山，即海拔2633 m的太脱拉山命名的。太脱拉的标志（图4-51）为太脱拉的英文字母“TATRA”外边用圆圈包围着的图案。

图4-51　太脱拉的标志

任务二　我国汽车生产厂商及品牌

一、第一汽车集团

中国第一汽车集团公司简称“中国一汽”或“一汽”，它是中国汽车工业的摇篮，被称为共和国的长子。它创建于1953年7月15日，总部位于吉林省长春市。毛泽东主席亲笔命名并题写“第一汽车制造厂奠基纪念”，标志着中国汽车工业从这里起步。1956年，第一辆国产汽车——解放牌中型载货汽车诞生，“解放”二字由毛主席亲自定名并书写（图4-52）。

图4-52　毛主席书写的解放车名

一汽公司的标志（图4-53）将数字“1”和汉字“汽”艺术化组合，巧妙地融合在图形之中，构成一只展翅飞翔的雄鹰，既表达了一汽不断进取、永争第一的勇气和精神，又表达了中国汽车工业走出国门、走向世界的决心。

图4-53　一汽集团公司

中国一汽集团旗下有：红旗、奔腾、欧朗、夏利、骏派、佳宝、威志、森雅、解放等品牌。

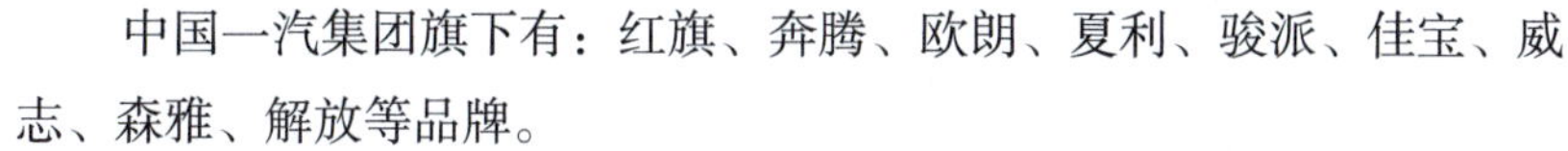

红旗轿车诞生于1958年，是我国第一个拥有全部独立知识产权的汽车名牌产品。早期的红旗轿车，在发动机舱一侧，有并排的5面小红旗，5面小红旗分别代表“工、农、商、学、兵”。到了1958年7月，原先设计的5面红旗车标，改为了3面红旗，后来又改为了一面红旗（图4-54），代表毛泽东思想的伟大旗帜。

图4-54　一面红旗

在中国，红旗牌轿车家喻户晓，“红旗”二字已经远远超出了一个轿车品牌的含义（图4-55）。红旗轿车在中国备受尊崇，成为中华人民共和国几次国庆大典的礼宾车，国家几代领导人都乘坐红旗轿车。红旗轿车在国际也享有很高的声誉，外国友人来中国能坐一次红旗轿车会感到无比荣耀。

图4-55　红旗汽车标志

二、东风汽车集团公司

东风汽车公司总部设在湖北省武汉市，它的前身是1969年创建于湖北十堰的第二汽车制造厂，是依靠我国自己的力量，采用“聚宅”方式设计、建设和装备起来的现代汽车生产企业，与中国第一汽车集团公司和上海汽车工业（集团）总公司一起被视为中国综合实力最强的三大汽车企业集团。

目前，公司拥有“东风”和“风神”两个自主汽车品牌。

图4-56 东风汽车公司的标志

东风汽车公司的标志（图4-56）以艺术变形手法，取燕子凌空飞翔的剪形尾羽作为图案基础，采用了含蓄的表现手法，含义是双燕舞东风。东风汽车公司原名为第二汽车制造厂，“二”字寓意于双燕之中，外圆代表年轮，象征着东风牌汽车车轮不停地旋转。

三、上海汽车工业总公司

上海汽车工业总公司简称“上汽集团”，是中国最大的汽车集团之一，总部位于上海市。

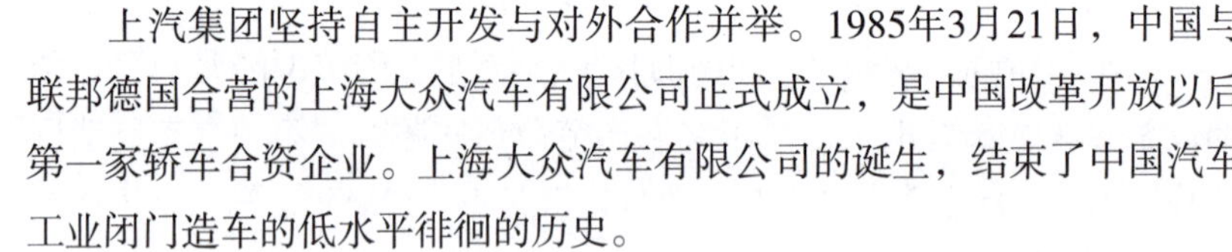

上汽集团坚持自主开发与对外合作并举。1985年3月21日，中国与联邦德国合营的上海大众汽车有限公司正式成立，是中国改革开放以后第一家轿车合资企业。上海大众汽车有限公司的诞生，结束了中国汽车工业闭门造车的低水平徘徊的历史。

图4-57 上海大众汽车标志

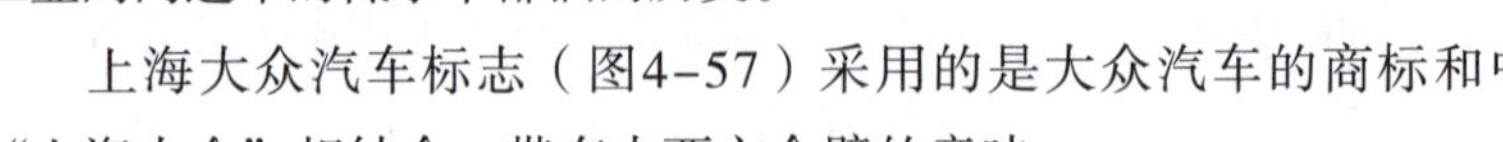

上海大众汽车标志（图4-57）采用的是大众汽车的商标和中文“上海大众”相结合，带有中西方合璧的意味。

2006年，上汽“荣威”轿车下线，投放市场，成为上汽的自主品牌。荣威名称中的“荣”有荣誉、殊荣之意，“威”字含威望、威仪及尊贵地位之意。荣威合一，体现了创新殊荣、威仪四海的价值观。其车标（图4-58）为经典盾形，暗喻其产品坚固可信赖的尊崇品质，以及上海汽车自主创新、国际发展的坚强决心和意志。徽标的核心图案为双狮护卫着的华表，不仅蕴含了民族的威仪，同时具有高瞻远瞩，祈福社稷繁荣、和谐发展的寓意。

图4-58 荣威汽车标志

四、北京汽车工业控股有限责任公司

北京汽车工业控股有限责任公司是由北京市人民政府投资，对北京汽车工业集团公司进行改制组合的国有独资公司。

公司目前下辖有北京吉普、北京现代等合资公司。北京吉普汽车有限公司的标志（图4-59）由图形和文字两部分组成。图形部分突出北字，表示北京；文字部分“BJC”表示北京吉普汽车有限公司。图案又像一条向前延伸的路，还像高山峻岭，意为北京吉普汽车适合

图4-59 北京吉普汽车的标志

任何道路行驶，路在车下，勇往直前。

北京汽车工业控股有限责任公司拥有自主品牌“福田”。其标志（图4-60）以立体造型的钻石为原型，三条斜线代表了公司“突破、超越、领先”的理念。

图4-60　福田汽车的标志

五、长安汽车集团有限公司

长安汽车是一家集汽车开发、制造、销售于一体的汽车公司。目前公司拥有7大汽车制造企业：长安汽车股份有限公司、长安福特汽车有限公司、长安铃木汽车有限公司、南京长安汽车有限公司、河北长安胜利有限公司、河北长安汽车有限公司和长安跨越汽车有限公司。

视频：长安汽车企业宣传片

长安汽车集团的汽车谱系覆盖乘用车和商用车全部领域，拥有排量从0.8 L到2.5 L的系列发动机平台，其主要车型有长安奔奔、长安悦翔等。

图4-61　长安汽车的标志

长安汽车的标志（图4-61）以天体椭圆运行轨迹为基础，以汉语拼音首字母为设计单元，经过抽象变形组合成向上攀升的箭头，象征企业不断进取的精神。2010年10月31日，长安发布全新的主流乘用车长安汽车标志（图4-62），以“V”为核心创意表现，雄浑刚健的V形，好似飞龙在天，龙首傲立于蓝色地球之上，同时又是Victory 和Value的首字母，代表着长安汽车致力于打造世界一流企业的战略愿景和为消费者与股东创造价值的企业责任感。刚柔并济的V形，也恰似举起的双手，传递出长安汽车科技创新、关爱永恒的价值追求。

图4-62　长安汽车的新标志

六、广州汽车工业集团有限公司

广州汽车工业集团有限公司（简称广汽工业集团）成立于2000年6月8日，是广州市政府授权的国有资产经营企业集团。

广汽工业集团直接投资的全资和控股企业有：广州汽车集团股份有限公司、广州摩托集团公司、广州广悦资产管理有限公司和广州汽车工业技工学校。

七、比亚迪股份有限公司

比亚迪股份有限公司（以下简称“比亚迪”）创立于1995年，是一家在香港上市的高新技术民营企业。公司原先只涉及IT和新能源产业，2003年，正式收购西安泰川汽车有限责任公司，进入汽车制造与销售领域，开始民族自主品牌汽车的发展征程。发展至今，比亚迪已建成西安、北京、深圳、上海四大汽车产业基地，在整个制造、模具研发、车型开发等方面都达到了国际水平。

视频：比亚迪汽车

比亚迪英文名为“Build Your Dreams（BYD）”，意为“成就你的

比亚迪汽车

图4-63　比亚迪汽车的标志

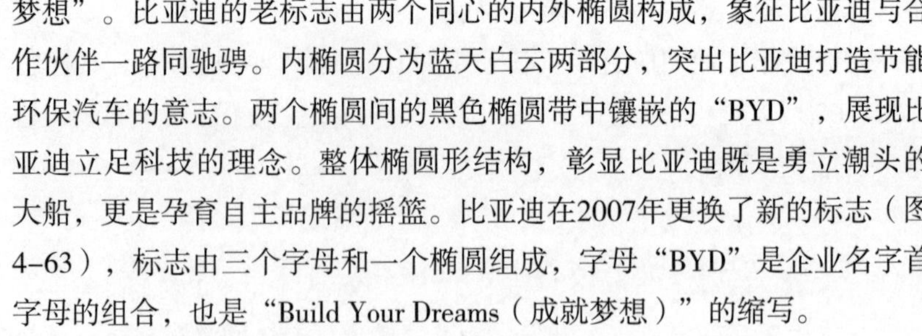

梦想”。比亚迪的老标志由两个同心的内外椭圆构成，象征比亚迪与合作伙伴一路同驰骋。内椭圆分为蓝天白云两部分，突出比亚迪打造节能环保汽车的意志。两个椭圆间的黑色椭圆带中镶嵌的“BYD”，展现比亚迪立足科技的理念。整体椭圆形结构，彰显比亚迪既是勇立潮头的大船，更是孕育自主品牌的摇篮。比亚迪在2007年更换了新的标志（图4–63），标志由三个字母和一个椭圆组成，字母“BYD”是企业名字首字母的组合，也是“Build Your Dreams（成就梦想）”的缩写。

八、华晨汽车集团控股有限公司

金杯

图4-64　中华和金杯两大自主品牌标志

华晨汽车集团控股有限公司（简称“华晨汽车”）于1992年10月在美国纽约证券交易所挂牌上市，成为中国第一家海外上市的汽车公司。

华晨汽车是我国汽车工业高起点“自主创新、自有技术、自主品牌”的主力军，除拥有华晨宝马合资品牌外，华晨汽车高起点打造了中华和金杯两大自主品牌（图4–64）。

九、吉利控股有限责任公司

图4-65　吉利汽车标志

李书福在1986年创建了浙江吉利控股集团有限公司。吉利控股集团有限公司本着“沟通、合作、敬业、创新”的精神，不断推陈出新，积极参与国际竞争与合作，以先进的技术、优质的产品和细微的服务，全心全意地圆中国百姓的汽车梦，实践“造老百姓买得起的好车，让吉利轿车走遍全世界”的诺言。

吉利汽车的标志（图4–65），它的椭圆象征地球，表示面向世界、走向国际化；椭圆在动态中是最稳定的，喻示并祝愿吉利的事业稳如磐石，在风雨中屹立不倒。

吉利旗下拥有的子品牌有全球鹰、帝豪、上海英伦（图4–66）。

帝豪
EMGRAND

图4-66　吉利旗下的子品牌标志

十、奇瑞汽车有限公司

奇瑞汽车有限公司是尹同耀于1997年创立的，总部位于安徽省芜湖市。

图4-67　奇瑞汽车标志

奇瑞汽车的标志（图4–67）是英文字母CAC的一种艺术化变形。CAC即Chery Automobile Corporation Limited（奇瑞汽车有限公司）的缩写。标志中A为一变体的“人”字，预示着公司以人为本的经营理念；标志两边的C字向上环绕，如同人的两个臂膀，象征着一种团结和力量，环绕成地球形的椭圆状；中间的A在椭圆上方的断开处向上延伸，寓意奇瑞公司潜力无限，追求无限；整个标志又是W和H两个字母的交叉和变形设计，为“芜湖”一词的汉语拼音的声母，表示公司的生产制造地在芜湖市。

十一、安徽江淮汽车集团有限公司

安徽江淮汽车集团有限公司其前身是合肥江淮汽车制造厂，始建于1964年，原名巢湖汽车配件厂。1969年，公司生产了安徽第一辆载货汽车；1991年，公司自主开发了我国第一辆客车专用底盘，结束了我国客车无专用底盘的历史；2003年，公司收购安徽安凯汽车股份有限公司，成为安凯股份公司的第一大股东。

江淮汽车的标志如图4-68所示。公司围绕“生产一代、储备一代、研制一代、构思一代”的研发思想，整合全球资源造世界车，紧密跟踪、同步引进国际前沿技术，持续开发在国际具有成本优势、在国内具有品质优势的高性价比产品，形成了较强竞争力的全系列产品格局。公司主导产品有：6~12米客车底盘；0.5~50吨重、中、轻、微卡车；7~12座瑞风商务车（MPV）；两驱和四驱瑞鹰越野车（SRV）；C、B、A、A0级轿车。

图4-68　江淮汽车标志

十二、长城汽车集团股份有限公司

长城汽车股份有限公司（Great Wall）是中国规模最大的集体所有制汽车制造企业，也是国内首家在香港上市的汽车企业。公司以稳健发展而著称，经济实力雄厚，连续十余年创造高增长和盈利的业绩。

长城汽车标志（图4-69）的椭圆外形表明公司立足中国走向世界；其烽火台的形象象征了中国传统文化；其剑锋箭头表示公司充满活力，蒸蒸日上，敢于亮剑，无坚不摧；其立体“1”表示公司反应快速，永争第一。

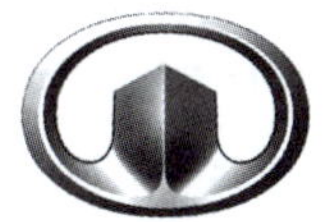

图4-69　长城汽车车标

十三、力帆汽车有限公司

力帆汽车有限公司为重庆力帆控股有限公司的控股子公司，总公司始建于1992年，历经20多年艰苦奋斗，已迅速发展成为融科研开发、发动机、摩托车和汽车的生产、销售（包括出口），金融服务于一体的大型民营企业。

视频：力帆汽车生产工艺

力帆研制出了许多中国乃至世界摩托业都没有的新产品，如100cc电启动发动机、双缸125cc型发动机、400cc发动机、600cc发动机。力帆的许多摩托车新技术如水冷、多气门、电喷、双燃料、二次燃烧、大排量等，在摩托车行业都具有领先地位。

2006年1月，力帆520轿车全球同步上市，标志着力帆正式进军汽车产业。

力帆的LOGO（图4-70），即3个大写的L，L像帆，3个L造成了千帆的感觉。

图4-70　力帆汽车车标

任务三　各国汽车的特点

一、中国汽车

我国主要的汽车制造厂有中国一汽集团、东风汽车集团、上海汽车集团、长安汽车集团等。我国的汽车工业经过不断的发展和壮大，现已经成为世界上最大的汽车制造大国。在近二十年内，我国汽车工业在产销规模、产品开发、汽车市场开拓、对外开放、结构调整及法制化管理等诸多方面都取得了很大成就，产销迅猛增长，市场繁荣兴旺，企业规模进一步扩大。改革开放为我国汽车工业提供了引进技术、合资合作的发展条件，通过合资合作使国内汽车企业积累了经验、技术、人才和资金。奇瑞、吉利等企业实现了从简单模仿到正向开发再到自主创新的转变。一汽、上汽、东风、长安4家企业近几年逐步加强力量开发自主品牌。自主品牌产品发展迅速，自主品牌企业通过持续的努力与付出，与合资品牌的竞争格局已经基本形成，成为推动中国汽车工业发展的重要力量。自主品牌汽车的质量和性能已经接近，甚至达到发达国家的水平，性价比则超过了国外汽车品牌的汽车。

我国汽车的主要特点是朴素且精线条，注重实用性，性价比高，但外观、舒适性方面有待改进。

二、德国汽车

德国是世界上最早制造汽车的国家，主要生产厂商有奔驰、宝马、大众和奥迪等。德国人注重自己的技术，对整个制造业都有一丝不苟的精神，德国有很多精英汽车品牌。如果说美国是车轮上的国家，那德国就是制造汽车的国家。制造世界一流的汽车几乎成为了德国人的精神追求。德国人可以说是世界上最严谨的人，所以德国车以质量好著称，德国汽车是综合性能最好的汽车。在德国平地多，高速公路发达，速度限制并不严格，德国是世界上为数不多的高速公路不限速的国家，所以德国汽车最重视的就是汽车的稳定性和操控性。

德国汽车的主要特点是沉静、深藏不露，技术严谨，安全与完美相结合，很少“哗众取宠”，其内在表现只有那些感受过的人才能领略。

三、美国汽车

美国汽车工业始于18世纪末19世纪初，是世界上最早进行汽车大规模生产的国家，因此，良好的历史底蕴铸就了美国在世界汽车工业中的地位。其主要汽车制造厂有通用和福特。美国汽车主要讲究动力强劲有力，外形轮廓宽大，外观硬朗、豪华大气；悬挂系统和隔音设计非常出色，有良好的乘坐舒适性，安全性也非常好。相比较而言，美国汽车的细节和内饰做工较为平常，同时因过分强调汽车的动力性、乘坐舒适性以及追求豪华大气的外观，致使其油耗较其他国家的汽车高出许多。

美国汽车的主要特点是动力强劲，外观豪放、狂野、气派，车厢宽敞，内部设施豪华，细节表现一般，油耗较高。

四、日本汽车

日本是汽车制造业的后起之秀，其主要汽车制造厂有丰田、本田等。因受日本国内资源缺乏的影响，日本汽车生产厂家在控制成本方面有着非常独到的经验。因此，日本车性价比较高。日本汽车非常注重细节，给人的感觉是做工细致。同时，日本车外观秀丽，首次看见能给人眼前一亮的感觉。但是日本车因过分强调成本，其重视经济性超过了重视安全性，所以日本车的外壳比较单薄，省油的同时牺牲了安全性。日本车的继续使用价值与其他国家的汽车相比还有一些差距。

日本汽车的主要特点是经济性好，外观时尚，价格便宜，做工细致，安全性有待提高，继续使用价值低。

五、法国汽车

法国是个浪漫而又开放的国家，因此，法国汽车外观十分养眼并且注重人性化。法国人往往会设计一些与众不同的车型，其前卫的设计、浪漫的车身线条非常适合白领的口味。其主要的汽车制造厂有雷诺、标致等。法国的道路比较直，但路面起伏不平，还有过去一直保留的石头路，路况不太好，所以人们更重视车辆的乘坐感觉。法国汽车多采用主动式减振器和被称为最终悬架的主动悬架，这种悬架把车身振动频率控制在1Hz左右，即使在恶劣的路况下的乘坐感觉也很舒适。

法国汽车的主要特点是超凡的操控性，浪漫前卫的外观设计，注重人性化。

六、意大利汽车

意大利拥有世界上一流的设计师，拥有一流的跑车品牌，可以说意大利是世界跑车王国。其主要的汽车制造厂是菲亚特。意大利是文明古国，市区有许多的古建筑群，为保留名胜古迹，道路比较狭窄弯曲，这样人们最重视汽车的灵活性和操纵性。

意大利汽车的主要特点是外形超前，马力强劲，追求速度，艺术色彩浓，是玩车族理想的车型。

七、韩国汽车

韩国汽车是汽车制造业的后起之秀，其主要汽车制造厂有起亚、现代等。韩国汽车充分借鉴其他国家的技术和优势，在汽车强国林立的世界找到自己的道路，成为继日本之后又一个后起之秀。同时，这也跟韩国政府的强力支持和韩国人民支持国货有着极大的关系。

韩国汽车的主要特点是性价比较高，配置较高，动力性一般，安全性、乘坐舒适性、外观和可靠性还有待进一步提高。

项目小结

本章主要介绍了世界上著名汽车品牌及其各大汽车集团的一些基本情况，同时也介绍了我国汽车行业的几个大公司，如中国一汽、东风集团、上汽集团、奇瑞集团、吉利集团、比亚迪集团、华晨集团等。通过对汽车标志的学习，了解了世界上各个汽车品牌的历史和现状，让同学们对汽车行业更加感兴趣。同时，了解了我国汽车工业的发展历史和现状，使同学们对我国汽车工业的未来充满信心。

思考与练习

简答题

1.中国主要的汽车企业有哪些?

2.简述保时捷汽车标志的具体含义。

3.奥迪汽车公司的创始人是谁？奥迪车标中的四环代表什么?

4.简述宝马汽车标志的含义。

5.简述中国第一汽车集团公司的基本情况。

6.请说出德国、意大利、法国具有代表性的汽车公司的名称。

项目五 概念车和未来汽车

学习目的

1. 能描述概念车的起源和发展。

2. 会欣赏车展上的概念车。

3. 能列举未来汽车发展的四大趋势。

4. 能分析未来汽车发展趋势的特点。

任务一 概念车

概念产品代表着新型科技的未来发展方向，不管它是否真的投入量产，它们所带来的创意和视觉上的享受是无与伦比的。当今社会，人们越来越致力于概念产品的研发，如腕表式的概念电脑，戒指大小的概念手机，关闭会自动消失的概念电视，集智能手机、GPS、相机于一身的Google智能眼镜等。但是，世界上所有的概念产品都无法与概念车相提并论，因为概念车的数量和受关注程度是最高的。

一、概念车的定义

概念车，是由英文Conception Car意译而来，也可以理解为未来汽车，它是汽车公司和设计公司用来展示自身最新设计理念和技术水平或者为下一代车型的开发方案而专门制作的车型。概念车还处在创意、试验阶段，很可能永远不投产。在历次车展上，概念车是最吸引人的眼球，它是在向人们展示设计人员新颖、独特、超前的构思，同时引领着世界汽车工业发展方向及革新浪潮。概念车是汽车中内容最丰富、最前卫、最深刻、最能代表世界汽车科技发展和设计水平的汽车。

图5-1 带有图像和语音识别系统的丰田FV2概念车（2013年东京车展展出）

概念车的种类有两种：一种是设计概念模型，另一种是量产的概念车。前者是用来展示技术、概念的，短期内还不能成为在公路上跑的实际汽车。它一般使用油泥模型或者原型车的方式制作1~2辆，而且投产的可能性比较小（图5–1）。后者是汽车制造商用来展示其未来车型的开发方向或者初步设计（图5–2）。它一般采用原型车的生产方式手工打造，一般在5年左右可成为公司投产的新产品。

2011年在法兰克福展出的宝马

量产后的2014款宝马i8

图5-2 概念车与量产车的比较

二、概念车的历史

汽车有120多年的历史，概念车就有70多年的历史。别克Y-Job是汽车工业界公认的第一辆概念车（图5-3）。它于1938年由美国通用旗下别克分部汽车艺术和色彩部首任主任、美国汽车造型之父——哈利·厄尔（Haeley Earl）设计。哈利·厄尔在世界汽车历史上是大名鼎鼎之人，如果说是德国人发明了汽车，而美国人则把这个行业带入了艺术设计的殿堂，其中哈利·厄尔就是领军人物。同时，Y-Job对于汽车设计行业最大的贡献还在于引入了黏土模型技术，该技术时至今日仍被广泛采用。“年度改款”“镀铬”这些现在很常见的概念也是由哈利·厄尔提出的。Y-Job引入了嵌入式大灯、电动车窗、水平水箱护罩、与车身齐平的门把、电动活动顶篷等，其长而低的流线型轮廓设计更对后来的汽车设计产生了深远的影响。Y-Job还充分利用了现代技术，具有电控折叠顶篷和车窗。它也是第一款去掉了脚踏板的汽车。

图5-3 Y-Job概念车

在哈利·厄尔之后，越来越多的汽车公司和生产厂商乐于制造概念车。20世纪五六十年代，通用公司用“Motorama”车在存在潜在市场的地区进行巡游的活动脱离了一般意义上的车展。尽管这些“车”只是带有漂亮的内饰和玻璃纤维外壳的模型车，甚至连动力装置都没有，但这些“车”起到了收集公众反馈意见的作用。美国的三大公司：福特、通用和克莱斯勒是梦幻汽车的“三大巨人”，推出了通用的Firebird Ⅲ（图5-4）、克莱斯勒的Norseman（图5-5）以及福特的Mexico等代表性的车型，为热情的人们献上了一场场梦幻般的汽车展览会。

图5-4 通用的Firebird Ⅲ概念车

图5-5 克莱斯勒的Norseman

随着全球化进程加快，概念车往往渗入了文化元素。意大利人热情，总是创造一些视觉上让人愉悦的款式，然后四处宣传让人们接受这个款式。而法国人注重智能和概念化，所以他们由内而外地设计汽车。美国人注重外观和大的尺寸，但总忽略细小的却很重要的细节。而日本人的设计非常注重细节，其很棒的细节设计总能吸引人们仔细观看。

过去概念车主要集中在乘用车领域，现在商用车的概念车也越来越多地出现在各个车展上。例如，卡车不再是噪声大、油耗高、马路杀手的代名词。梅赛德斯—奔驰Future Truck 2025概念卡车（图5–6）拥有自动驾驶系统、自动刹车辅助、车道偏离警告以及“前瞻性”巡航控制系统，还可以根据地形和路线来调整车辆的速度。

图5-6 梅赛德斯-奔驰Future Truck 2025概念卡车

依维柯在IAA商用车展上发布了一款名为VISION的概念货车（图5–7），配备半透明的车顶以及侧滑门设计，方便进出货仓，调整货物摆放位置，并配备数字仪表盘、平板电脑、后摄像头、挡风玻璃位置的投影图像等技术。

最近的几年里，概念车在车展中首次亮相的次数持续稳定增长，它在汽车展览里的重要性，对于提升展场精彩度、参观人气具有举足轻重的作用，同时，也是衡量展览水平高低的标准之一。

图5-7 依维柯VISION概念货车

多年以前人们畅想21世纪的汽车时，无一例外地为它们配置了如火箭或者宇宙飞船那样的外壳，以及原子能、太阳能之类强大与便利的动力。然而，工程师们前进的步伐比起预言家们的想象要缓慢得多，实用依然是设计师遵守的第一原则。21世纪的公路依然是半个世纪之前的路，汽车也还是4个轮子，1个车壳，只不过其内涵有了不小的变化，概念车的最大功能就是发现与引导这些变化的方向。

三、概念车欣赏

概念车“奇异”的设计风格，融合人类最尖端技术的科技含量，无不使人沉浸在梦幻的国度浮想翩翩。汽车厂家总是刻意地选取概念车的某个小细节用于量产车上，使人们永无止境地迷失在概念车的追逐之中。

概念车的欣赏，本质是对最高的汽车设计与工艺水平的欣赏。不同的创意概念，使得概念车的设计方向、形态也有所不同（见表5-1）。

表5-1　概念车欣赏原则

创意概念	概念车形态
新时速	“风阻”和“气流”的车型线
低能耗	节能、自然能源利用，如太阳能
社会生态	社会优良环境的维持，使汽车环保
生活形态	生活环节、结构、方式给人的汽车生活构筑，如郊游的方便性
时尚文化	从艺术流派中挖掘汽车艺术文化

每年的车展都会展出许多概念新车，富有科技含量的概念车是世界汽车工业的风向标。

1.兰博基尼Egoista

兰博基尼为了庆祝其品牌成立50周年，在意大利正式发布了旗下全新概念车Egoista（图5-8）。Egoista的驾驶舱采用单座位设计，无论是车门的上开启方式，还是Egoista特殊的方向盘和充满液晶屏幕的仪表盘设计，都会让人误以为这是一款战斗机。动力方面，Egoista搭载5.2L V10发动机，其最大功率将达到600马力，百公里加速用时不到3 s。

2.奔驰G-Code

奔驰G-Code（图5-9）是一款以氢电混合和太阳能为动力的车型。奔驰在G-Code概念车上试验了一种名为“multi-voltaic”的喷涂车漆，它可以将整个车身外部变为一块巨大的太阳能电池板，将阳光源源不断地转化为电能。这款涂料不仅可以像传统太阳能帆板那样吸收阳光，同时还可以将吹过车身表面风中的静电转化为电能储存起来。

视频：奔驰概念车G-Code

图5-8　兰博基尼Egoista

图5-9　奔驰G-Code概念车

视频：雷诺Eolab

图5-10　雷诺Eolab概念车

3.雷诺Eolab

雷诺Eolab概念车（图5–10）首次展示于2014年巴黎车展，该车采用混动系统驱动，百公里综合油耗仅为1 L，百公里二氧化碳排放量只有22 g。车身由铝、钢、镁等多种材料制成，经过轻量化打造，车身质量仅为400 kg，风阻系数仅为0.235。

4.奔驰F015 Luxury in Motion

视频：奔驰F015 Luxury in Motion

奔驰公司在美国拉斯维加斯举行的2015年国际消费电子展（CES）上发布了全新研发的F015 Luxury in Motion概念车（图5–11）。这部奔驰全新概念车集成了体感控制、眼部识别、车窗显示屏、全自动驾驶系统等在内的多项最新技术。其可以实现无人驾驶，通过内置的3D地图数据和GPS的配合实现路线的自主规划，车身搭载的立体摄像机、雷达及超声波传感器可以感知周边环境，再反馈给车载电脑进行处理，再将下一步的操作指令反馈给机械传动系统。

图5-11　奔驰F015 Luxury in Motion

5.Light Cocoon

视频：Light Cocoon

德国独立汽车设计公司EDAG在2015年的日内瓦车展上展示了一款Light Cocoon概念车（图5-12）。新车外壳每平方米仅重19 g，是一张A4纸的1/4。新车采用3D打印技术，其特殊的材料具有“仿生学优化的车身结构”和“防风雨纺织品外壳”，新车整体采用了背光设计，其设计的灵感来源于树叶的纹路和脉络。

图5-12　Light Cocoon概念车

四、中国的概念车

现今，车展上的概念车彰显着各汽车生产厂家的科技与进步，作为发展迅速的中国车企当然也不甘落后，纷纷参与到这一盛世中来。

1.麒麟——中国的第一款概念车

图5-13　麒麟概念车

麒麟是中国古代传说中的一种象征吉祥的动物，形状像鹿，头上有角，后有尾巴，全身披鳞甲，它是天上的神物，是神的坐骑。在1999年的上海国际车展上，以吉祥动物麒麟命名的第一款国产概念车（图5-13）与世人见面。

这款五门两厢式麒麟概念车的特点是车身框架非常坚固，外形简朴，轮胎大，底盘高（165 mm），它可适应复杂的路面条件，装置了4缸16气门发动机，前轮驱动，车厢内放置5个座位，前排座位的腿部空间达1 m以上，肩部空间超过1.3 m，行李空间可以装下1.36 m^3的货物。但是，“麒麟”在普通人的眼光里根本不算是一辆概念车。

2.一汽的概念车π

概念车π（图5-14）于2014年在北京国际车展上首次亮相，是中国一汽倾心打造的一款高端自主车。其前脸造型得非常的凶猛霸气，六边镀铬的中网、双LED灯带头灯、后一体式下保险杠等设计均有不俗之处，尤其是其轮毂的设计非常具有未来感。

图5-14　一汽奔腾概念车π

图5-15 长安RAETON CC概念车

视频：RAETON CC概念车

3.长安的RAETON CC

RAETON CC概念车（图5-15）是长安公司于2015年上海车展推出的一款三厢轿跑车，设计理念来自于自然界中的“水元素”。在动力系统方面，该车将搭载一台永磁同步电动机，其最大输出功率为167马力（123 kW），峰值扭矩为335 N·m，官方称其0~100 km/h加速时间为4.1 s。

视频：全新帝豪概念车

4.吉利的全新帝豪

全新帝豪概念车（图5-16）延续了吉利博瑞的全新设计理念，定位为运动型轿跑车。这款车首发于2015年的上海车展，全新帝豪概念车的侧面轮廓为典型的轿跑风格。在内饰的配置中，全新帝豪概念车采用了先进的全尺寸触摸屏，进而增添了这款车的科技豪华感，触摸屏上设有环保、城市以及运动等多种驾驶模式。

视频：哈弗Concept R/B

5.长城的哈弗Concept R/B

长城哈弗于2015年上海车展全球首发了两款概念车——哈弗Concept R和哈弗Concept B（图5-17）。这两款车的名字中的R（red）与B（blue）分别代表红与蓝，

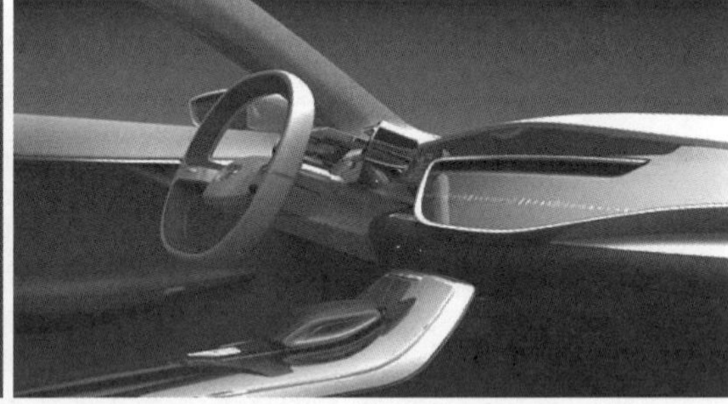

图5-16 全新帝豪概念车

图5-17 哈弗Concept R/B

图5-18 比亚迪宋

体现出哈弗红标系列和哈弗蓝标系列的不同设计风格。Concept R的长、宽、高尺寸为4 460 mm/1 854 mm/1 621 mm，轴距为2 680 mm。在动力方面，Concept R搭载的2.0T涡轮增压发动机及7速双离合变速器。

6.比亚迪的宋

比亚迪（图5-18）宋于2015年上海车展亮相，定位于紧凑型SUV，是一款新能源车型，其车身尺寸的长、宽、高分别为4 565 mm/1 830 mm/1 720 mm，轴距为2 660 mm，采用全时电四驱驱动系统。在动力上，比亚迪宋由1.5T发动机和两台电动机组成，电动机同样分布在前后桥位置，以实现四驱。宋在纯电动模式下，续航里程最长为70 km。尾部的4.9 s字样代表着它可以在4.9 s内完成0~100 km/h的加速。

7.MG的iGS

本土化已久的MG在2015年上海车展上推出首款量产城市概念车MG iCS（图5-19）。这款概念车可在60~120 km/h的情况下，实现远程遥控泊车、自动巡航、自动跟车、车道保持、换道行驶、自主超车等功能，也能在它的车顶上看见自动驾驶汽车特有的探测器模块。

图5-19 MG iGS

8.奇瑞的α5

奇瑞在2015年上海车展带来α5概念车（图5-20），该车采用传统三厢车设计，前进气中网采用点阵式造型，单条幅格栅采用镀铬处理，前大灯组与格栅相连，并融入了LED光源。

图5-20 奇瑞α5概念车

任务二　未来汽车的发展方向

尽管我们憧憬着汽车的美好未来，但不可忽视的是，汽车的大量使用也带来了交通安全、能源消耗、环境污染等诸多社会问题，加之消费者对汽车功能和性能要求日益提高，世界各大汽车公司都争相采用新技术、新理论研制各种高性能、智能、环保车，使得汽车产品不断更新换代，成为新技术的载体。目前，汽车工业正向车身轻量化、智能网络化、车辆安全化、节能环保化方向发展。

一、车身轻量化

汽车的车身轻量化是指在保证汽车的强度和安全性能的前提下，尽可能地降低汽车的整体质量，从而提高汽车动力、减少燃料消耗、降低废气排放。中国汽车“轻量化”研究领军人物之一的柳百成给出了以下数据：若汽车整车重量降低10%，燃油效率可提高6%~8%；汽车整备质量每减少100 kg，百公里油耗可降低0.3~0.6 L；驾驶方面，汽车轻量化后其加速性、车辆稳定性均有显著提高，噪声、振动均有改善；碰撞安全性方面，轻量化后的汽车碰撞时的惯性减小，制动距离减少。铝合金、镁合金、塑料、高强度钢是当前汽车轻量化的4种主要材料。随着科技进步，人们会对轻量化材料的要求越来越高，研制出的新型材料就应用得越多。

1.金属材料

（1）铝

铝材料具有密度低、强度高和耐腐蚀性好的特性。近10年来，轿车上的铝及其合金用量已从汽车总量的5%左右上升到10%左右。铝在汽车上的应用（图5-21）主要是在热交换器、涡轮增压器、变速器壳体、车轮等部件上。铝合金也将出现在车身、底盘和发动机的实际运用中。

polo的铝合金轮毂

Morgan全铝合金打造的重1 250 kg的EvaGT

图5-21　铝在汽车上的应用

（2）镁合金

镁合金密度小，强度、刚度接近铝合金和钢，承受冲击力比铝合金大，具有良好的耐腐蚀性、防辐射性能，可做到100%的回收再利用。镁合金在汽车上的应用，主要取代铸铁、铝合金、塑料和钢制冲压焊装组合件，多以压铸件为主，如仪表盘（图5–22）、汽缸盖、曲轴箱、转向盘、制动器支架等。

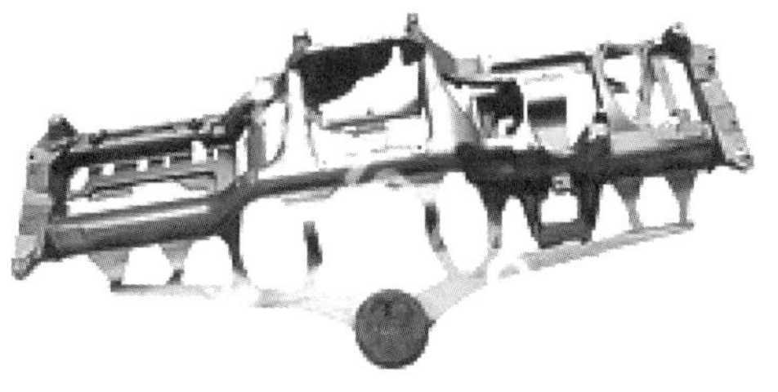
图5-22 镁合金仪表盘

2.碳纤维

视频：兰博基尼车身碳纤维材料制作

顾名思义，碳纤维不仅具有碳材料的固有本征特性，又兼具纺织纤维的柔软可加工性。它是由含碳量较高，在热处理过程中不熔融的人造化学纤维，经热稳定氧化处理、碳化处理及石墨化等工艺制成的。碳纤维的质量只有钢铁的2/3，而强度却是钢铁的5倍。碳纤维不仅用于制造钓鱼竿、网球拍和山地车，还大量应用于飞机制造业以及一级方程式赛车车体制造。目前，碳纤维材料（图5–23）逐渐应用于民用量产汽车上，尤其是在中档汽车上的应用十分广泛，很多厂商也已经开始提供碳纤维材料的小组件，如后视镜壳、内饰门板、门把手、排挡杆、赛车座椅、空气套件等。碳纤维唯一的缺憾是价格较高，现阶段只应用在售价20万元以上的车型上。

柔软的碳纤维布

黏结好的半成品

全碳车身的帕加尼Zonda R超级跑车

图5-23 碳纤维

3.工程塑料

和生活中常见的塑料相比，工程塑料具有优良的机械性能，其强度、耐冲击性、耐热性、硬度及抗老化性均优于塑料。目前在车上主要用来制造汽车坐垫、仪表板、扶手、保险杠、发动机罩、加速踏板、汽油箱、空气滤芯器等。德国品牌的汽车上使用塑料较多，塑料用量占整体材料的15%。工程塑料用于汽车上最大的优点在于质量轻，并可回收和循环利用。

图5-24 “欢乐帐篷”全塑料汽车

全塑料汽车“欢乐帐篷”（图5–24）外形酷似甲壳虫，但整部车的部件都是由塑料制成的。这部塑料车的质量仅为370 kg，是普通汽车的1/3，最高时速为100 km/h。于2007年在英国上市，定价为8 000英镑。

二、智能网络化

视频：汽车智能化普及程度

智能网络化就是指汽车具有一定程度的自我操控性，能够把原来由人支配的动作简化为由车载计算机系统来控制，同时具有感知周围事物的能力，通过无线系统与其他汽车和路旁的基础设施实现信息交换，甚至还能实现自动驾驶和智能避免冲撞。

汽车的智能网络化包括：GPS系统、智能驾驶系统、车载通信系统等。

1.GPS系统

三维导航是全球定位系统GPS的首要功能，飞机、轮船、地面车辆以及步行者都可以利用GPS导航器进行导航。汽车导航系统是在GPS系统基础上发展起来的一门新型技术。随着技术的发展，现在很多智能手机替代了额外的车载GPS系统。

- 智能语音：可以让人用语音来实现拨打电话、播放音乐、地图导航、路线规划等功能，通过输入声音指令，可以在操作终端上搜索你要去的目的地的位置，可以记录你常要去的地方的位置信息，并保留下来，也可以通过声音和别人分享这些位置信息。
- 信息提示：可查询附近的加油站、宾馆、医院、ATM机等的位置信息，能及时将规划路线中的交通堵塞点、危险地区告知驾驶员。
- 电子防盗：提供被盗车辆的具体位置、动态信息，被盗窃时自动发射信息到手机上。
- 紧急援助：经过GPS定位和监管系统可以对遇有险情或发生事故的车辆进行紧急援助并自动将信息反馈至交通报警处（图5–25）。

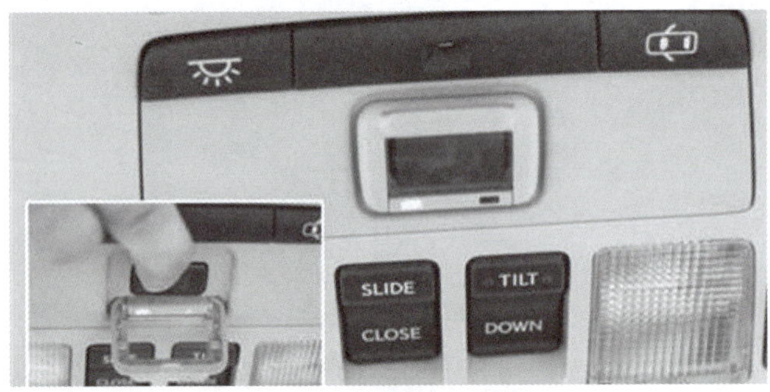

图5-25 紧急援助

2.智能驾驶系统

汽车智能驾驶系统的作用是代替驾驶员进行车辆的安全驾驶控制。车辆能够自动探测车辆危险状况，如夜间、恶劣天气、转弯、进入或离开交叉路口以及倒车等特殊情况，自动检查驾驶员工作状况，在必要时给出警报。汽车智能驾驶系统主要通过安装在汽车前后、两侧或四角的环境摄像系统对汽车周围的一定区域进行扫描和监控，通过车载微型计算机对信号的分析计算，并根据道路交通系统传输的道路交通信息发出指令。

汽车智能驾驶系统甚至可以使用无人驾驶状态，用户只需将路程及车速限制输入车载计算机，汽车便会自动行驶。如遇紧急情况，司机只需按下一个红色按钮、触碰方向盘或踩刹车，就能接管汽车。智能驾驶系统比人类驾驶有不少优胜之处，如不会受疲劳、分心或酒精影响，而且能360° 感应路面情况，反应速度远比人类快。每年全球有127万人因道路意外丧生，研究人员相信，智能车有望将此数字减半（图5–26）。

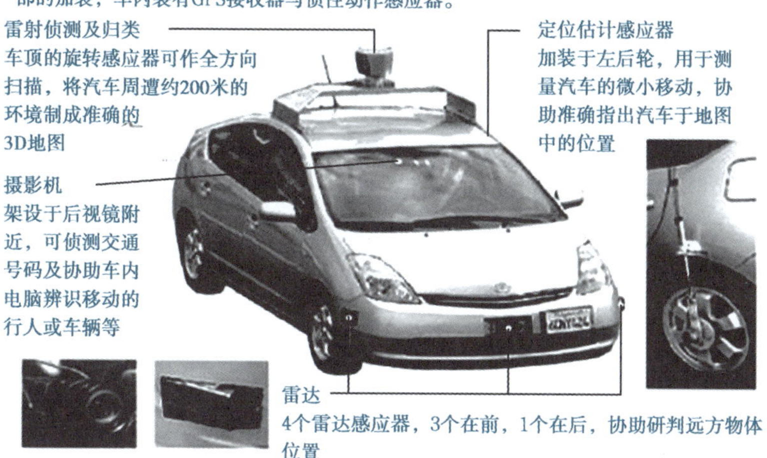

图5-26 智能驾驶系统

3.车内通信系统

车内通信系统包括车对车的通信及车对外部环境的通信（图5-27）。车对车通信基本上是基于GPS和无线技术的全方位物体探测传感器，它使汽车具有了“第六感”。在车对车通信系统的帮助下，每辆车可告诉相邻汽车自己的位置和行驶速度，并持续监测半径为400 m范围内车辆的状态。车对车通信系统具有如车道改变报警、盲点检测、紧急制动，即有自动制动功能的前冲报警以及交叉口冲撞报警等功能。这些功能可以使汽车避免受到极端天气状况的影响。

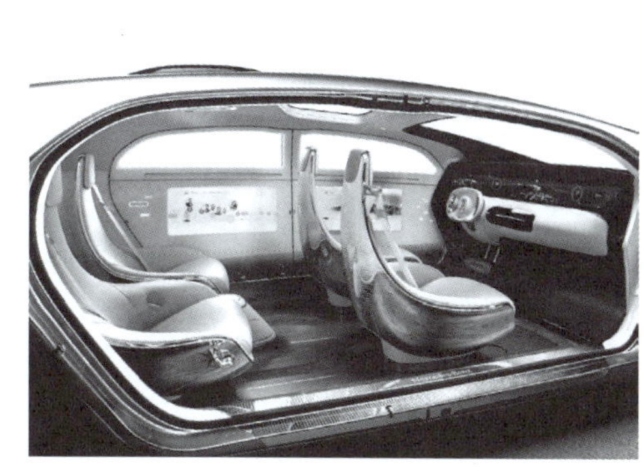
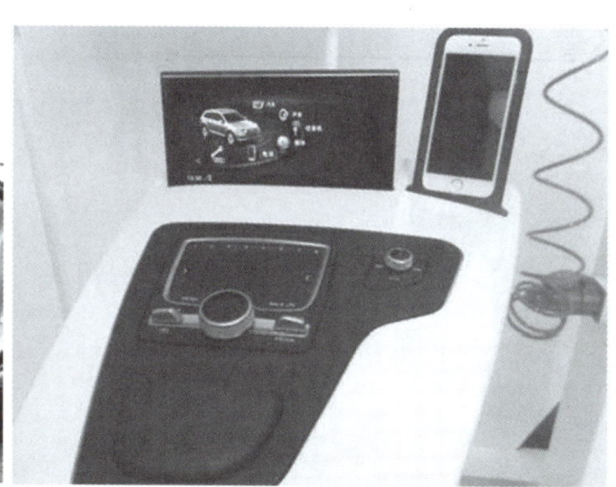

图5-27 未来感十足的奔驰F 015 Luxury in Motion内饰和控制台

车对外部环境的通信系统可查找最近的空车位和自动行驶到最近的停车场，使用自动驾驶模式，无线互联系统所带来的对驾驶室外部环境更敏锐的感知度，在提高交通通畅率、降低事故发生率、减轻空气污染和能源消耗方面具有巨大潜力。无线互联可使汽车排成列队，彼此之间维持稳定、紧密的间隔。

三、车辆安全化

视频：通用汽车主动安全技术

现代汽车更加重视汽车的安全性能。各种主动和被动安全技术广泛地运用在汽车上。过去，汽车安全设计主要考虑被动安全系统，如设置安全带、安全气囊、保险杠等。现在，汽车设计师们更多考虑主动安全设计，使汽车能够主动采取措施，避免事故发生。

1.瞌睡预警系统（DDS）

系统通过雷达扫描瞳孔状况，然后通过数据分析来判断驾驶员疲劳状态，如果驾驶员处于疲劳、瞌睡状态，系统就会对驾驶员做出提前预警。驾驶员因疲劳有可能在驾驶中突然进入梦乡，关键时刻系统就会发出报警声及时惊醒驾驶员避免交通事故的发生。

2. 轮胎压力监测系统（TPMS）

轮胎压力检测系统是指在汽车行驶过程中对轮胎气压进行实时自动监测，用传感器通过有线或无线的方法，将各个轮胎的气压显示在驾驶室的仪表盘上，并对轮胎漏气和低气压以声光的形式进行报警，以确保行车安全。

3.盲区监控系统

盲区监控系统被称作AVM全景式监控影像系统，是指在车身的几个关键性部位，如车尾侧后方，安装上探头，通过对多个影像的合成，自动拼成一个完整的360°影像图，并在车内的显示屏上以鸟瞰的视野对周边环境进行显示。因此，驾驶员在车内就可以一目了然知道车身周边的情况。

项目小结

概念车分为概念设计模型和量产的概念车。概念车是从Y-JOB发展起来的，现在已经出现了概念卡车。欣赏概念车，本质是对先进汽车设计与工艺水平的欣赏。通过对概念车的了解，以发展的视角预测了未来汽车的发展趋势：车身轻量化、智能网络化、车辆安全化、节能环保化，未来的汽车将越来越人性化，越来越安全、越来越环保。

思考与练习

请同学们收集相关资料，自己畅想一下未来的汽车会是什么样的。

项目六　世界汽车名人与名车

学习目的

1. 能说出世界上主要汽车品牌的发明者及其成长经历。
2. 能阐明汽车名人所创建的汽车公司的概况。
3. 能概述汽车史上的6座发展里程碑。
4. 能说出世界知名车型。

任务一　汽车名人

视频：卡尔·本茨

一、汽车之父——卡尔·本茨

卡尔·弗里德里希·本茨（Karl Friedrich Benz，1844—1929年），德国著名的戴姆勒—奔驰汽车公司的创始人之一，现代汽车工业的先驱者之一，人称“汽车之父”（图6-1）。

图6-1　卡尔·本茨

本茨出生于德国西部，在母亲的支持下，本茨15岁就进入了卡尔斯鲁厄综合理工大学。1879年，经历创业失败的本茨发明了第一台单缸煤气发动机。经过多年努力，终于又研制成功了单缸汽油发动机，并于1886年1月29日，得到了世界上第一个“汽车制造专利权”，而这一天也被认为是“世界汽车诞生日”。

这辆汽车采用的是带有飞轮的水冷、单缸、四冲程汽油发动机，按水平方向安装在车后方，功率输出为0.75 hp*，转速为400 $r \cdot min^{-1}$，最高速度达16 km/h（图6-2）。由于它的技术尚不成熟，经常撞到墙上，被别人嘲笑为“散发着臭气的怪物”，怕出洋相的本茨甚至不敢在公共场合驾驶它。但是一直在本茨身后默默支持他的夫人——伯莎·本茨，在1888年8月带上孩子驾驶着本茨设计制造的汽车，去探望住在100多千米外的孩子的祖母。她也因此被认为是世界上第一位女性汽车驾驶者。

1893年，本茨经过5年的努力，研制成功了性能更加先进的“维克托得亚”牌汽车（图6-3），它采用本茨设计的3L发动机，方向盘安装在汽车中部。尽管该车性能更加先进，但由于价格高达3 875马克，因而很少有人购买得起，成为公司的滞销品。本茨为了寻找出路，便开始在1894年生产便宜的“自行车”（带有发动机），价格为2 000马克，这种自行车一年时间内就销出了125辆，成为世界上第一种批量生产的机动车，使本茨摆脱了财政危机。后来，“维克托得亚”牌汽车又得到了进一步的改进，将车厢设计成面对

图6-2　世界第一辆汽车

图6-3　“维克托得亚”牌汽车

*　1 hp=0.735 kW。

面的18个座位，成为了世界上第一辆公共汽车。1899年，本茨汽车公司改组为奔驰莱茵汽车股份有限公司，成为当时世界上最大的机动车生产厂家。

1926年，本茨的汽车公司与戴姆勒汽车公司合并成立戴姆勒—奔驰公司（Daimler-Benz AG），已有82岁高龄仍是董事会成员之一的本茨，亲眼见证了这个将在日后叱咤风云的德国汽车巨头的成立。

二、汽车工业先驱——戈特利布·戴姆勒

戈特利布·戴姆勒（1834—1900年，图6-4）是奔驰汽车的创造者之一，也是汽车工业的先驱。

图6-4　戈特利布·戴姆勒

1872年，戴姆勒和好友迈巴赫合作，开始自己研制发动机。起初，他们只有很原始的几件工具，凑钱买来一台奥托四冲程发动机。1884年，戴姆勒研制出第二台发动机，因其外形独特，取名为“立钟”——立式发动机。在1884年的试验中，这种立式发动机以600 r/min的转速功率达到了1 hp，它被戴姆勒安装在一辆橡木自行车上，制成了世界上第一辆摩托车（图6-5），并试车成功。1886年，戴姆勒把这种发动机安装在他为妻子生日而购买的马车上，创造了第一辆戴姆勒汽车。

图6-5　世界上第一辆摩托车

1890年，戴姆勒发动机公司成立，并迅速发展成为大型企业，迈巴赫任总工程师。次年，戴姆勒和迈巴赫为了继续合作专心研制汽车相继离开公司。1896年，两人设计出第一辆载货汽车。该车的发动机装在车轮中部，靠齿轮驱动后轮，采用马车用的传统钢板弹簧，可载重1.5 t，装载2.98 kW的汽油发动机。

1897年，戴姆勒的公司生产出“凤凰”牌小客车；1903年，梅赛德斯（Mercedes）小客车投产。这种小客车的前置发动机有35 hp，它的前车灯、挡风板、双门5座位敞篷车造型更加接近现代轿车的特征，还有比原来更轻、动力更大的引擎，更长的轴距，更低的重心。汽车的出现大大提高了戴姆勒公司的商业地位。

1900年3月6日，66岁的戴姆勒离开人世。1926年6月29日，在戴姆勒离世26年后，戴姆勒公司与奔驰公司合并，成立了在汽车史上举足轻重的戴姆勒—奔驰公司（Daimler-Benz），从此他们生产的所有汽车都命名为“梅赛德斯—奔驰”。

三、设计大师——费迪南德·保时捷

在百余年的汽车发展史上，费迪南德·保时捷（Ferdinand Porsche，1875—1952年，图6-6）是最为杰出的汽车设计大师。

1875年9月3日，保时捷出生于波西米亚的一个铁匠之家。在22岁那年，保时捷设计了一台能安装在汽车轮内的电动机，以替代

图6-6　费迪南德·保时捷

当时在汽车上普遍使用的链条传动，并因此而获得了第一个专利——“混合传动系统”。1900年，他首创的电动汽车“Lohner-Porsche”（洛纳—保时捷）出现在巴黎世界工业产品博览会上（图6-7）。因此他以“电动汽车之父”为世人所知晓。

1905年，保时捷被聘任为戴姆勒公司奥地利分公司技术部经理，由于成功设计了“玛哈”牌汽车而获得了他有生以来的第一枚勋章。1910年，他设计出了功能更为完善的“公爵”牌轿车。1926年，世界汽车界的两大巨头戴姆勒公司和奔驰公司合并成立了戴姆勒—奔驰公司。他为梅赛德斯设计了S、SS以及SSK等一系列产品。SSK是德语超级短轴距跑车的缩写，拥有更强大的动力和更短的轴距，是专门为爬山赛事而设计的（图6-8）。它的短轴距设计保证了优良的操控性和发夹弯的过弯能力。这款车当时只生产了35辆。由于在公司受到排挤，他只能从戴姆勒公司退出。

图6-7 “Lohner-Porsche”（洛纳—保时捷）

图6-8 SSK（超级短轴距）跑车

图6-9 保时捷的“银箭”赛车

辞职后的保时捷于1930年创建了自己的公司——保时捷汽车设计所。1934年，他以全新角度设计出了具有16缸增压式发动机的第一辆保时捷赛车，并以7.5万美元的价格将图纸卖给了德国汽车联盟。这辆外形新颖、性能优良的赛车“银箭”（图6-9），先后打破了8项世界纪录，夺得过场地赛、越野赛、登山赛等各项赛事的冠军，“银箭”的造型成为了以后的国际环形赛车场地用车的基本外形。

1933年1月，阿道夫·希特勒当上了德国总理。希特勒是个真正的汽车迷，虽然他一生没有学会开车，但他提出兴建连接全国的高速公路，并让汽车在普通百姓中普及的想法。保时捷博士承担了“国民轿车”计划这项任务。从1935年起，他带领设计小组按照“坚固可靠，经济实用，技术全面成熟”的3条原则开发设计大众型轿车。1936年10月12日，3辆大众型“V-1”轿车开发成功，并通过了技术鉴定。1937年5月，大众汽车公司成立。1939年8月生产出第一批“大众”轿车（图6-10）。

第二次世界大战结束后，大众公司开足马力，加紧生产由保时捷先前设计的“甲壳虫”汽车。由于该车占领了平民车这个最大的市场，故取得了极其辉煌的成就，累计产销量已超过2 600万辆。第二次世界大战期间，保时捷曾参与过德军坦克的研制工作，战后被盟军指控为战犯关进监狱。1948年，获释后的保时捷重操旧业，他所组建的保时捷设计有限公司精心设计、制作了50辆功率为30 kW、铝制车身的保时捷356型（因先后进行过356

图6-10 第一批“大众甲壳虫”轿车

图6-11 保时捷356型

视频：保时捷356型汽车欣赏

次设计变动而得名）跑车（图6-11）。由于该车在一次重大比赛中出人意料地战胜了许多欧美名车，一夜之间成为妇孺皆知的“英雄”，保时捷的地位由此得以确定。

1952年1月30日，就在保时捷356型跑车开始为公司赢得荣誉时，费迪南德·保时捷因病去世，终年77岁。

四、汽车大王——亨利·福特

亨利·福特（Henry Ford，1863—1947年，图6-12），美国汽车工程师与企业家，福特汽车公司的建立者，被誉为“汽车大王”。

图6-12 亨利·福特

1896年，他的第一辆汽车终于研制成功，这辆车有两个气缸，4 hp，时速40~48 km/h，4个座位在4个轮子的车体中央。

在1899年和1901年福特曾两次开厂失败，但这没将福特打倒，他付出了比以往更大的努力：自驾赛车四处表演，不断改进汽车结构。由于经常获得各种比赛的胜利，他被冠以“全美第一流的汽车司机”的称号，并被新闻界誉为“速度之魔”（他的赛车曾在一条0.8 km长的大街上创下了11 km/h的速度记录）。

1903年6月，福特第三次与别人合作，按股份制模式成立了汽车公司，尽管公司只有10位雇员，但他们却制造了性能稳定的A型汽车。A型汽车为福特日后的发展奠定了物质基础，它在不到一年时间内就售出650辆。1906年，N型车问世，这是一种物美价廉的汽车，加之随后推出的R型、S型等车，两年之内共售出8 000多辆。

1908年秋，令全世界瞩目的T型车隆重面世（图6-13）。T型车在设计思路、生产工艺、零售定价、销售组织、售后服务等许多方面都与其他汽车制造厂制造的汽车不同。1913年，福特创立了全世界第一条汽车流水装配线。这种流水作业法后来被称为“福特制”，并在全世界广泛推广。这种制度是在实行标准化的基础上组织大批量生产，并使一切作业机械化和自动化，成为劳动生产率很高的一种生产组织形式。T型车的各种零件被首次设计成统一规格，实现了总成互换；在大型总装车间，流水线位装配法被改造成为了由机械传送带运送零件和工具，极大地提高了工作效率；采用低价（每辆车只售850美元，后又降至360美元）的销售策略，使大多数人都能购买得起；提供充足的零部件和及时的售后服务保障，使售后服务质量得以大幅度提高；工人工资较其他工厂也有大幅度的提高（实行“8小时5美元工作日”——相当于原工资的2倍以上），从而提高了工作效率同时降低了生产成本（1914年，公司以不足13 000人生产了730 000辆汽车，获利3 000万美元）。因该车价格低廉、使用方便、维护容易，销售异常火爆，产量更是创造了空前的纪录。T型车使福特获得了巨大的成功，也成为了普通民众的交通工具，改变了人们的生活方式、思维方式和娱乐方式，将人类带入了汽车时代。

图6-13　福特研制的T型车

20世纪20年代后期，美国开始形成了一个巨大的旧车市场，大批质量很好的二手车只需几十甚至十几美元就可买到，这对一向以“价廉物美”而著称的T型车是一个极大的冲击。同时，由艾尔弗雷德·斯隆领导的通用汽车公司生产出了许多时髦多样和先进豪华的汽车，满足了不同阶层的购买需求，也对T型车形成了较大的竞争压力。

1927年，福特无奈地宣布自己心爱的黑色T型车死亡，整个公司停产一年转产新的A型车。由于转产组织匆忙、耗资巨大，加之接踵而来的经济大萧条的影响，福特公司元气大伤，整个30年代都未能恢复，分别被通用（1927年）和克莱斯勒（1936年）超过。1947年4月7日，亨利·福特因脑溢血死于底特律，终年83岁。

五、经销至上——安德烈·雪铁龙

视频：雪铁龙创新之旅

图6-14　安德烈·雪铁龙

安德烈·雪铁龙（原籍荷兰，A.Citroen，1878—1935年，图6-14）是法国雪铁龙汽车的创始人，也是发动机前置前驱汽车技术的发明者，是当之无愧的营销大师。1878年，安德烈·雪铁龙（A.Citroen) 出生在法国巴黎。父母在他6岁那年相继离世，依靠亲戚的救济，雪铁龙艰难地生活，但他通过努力考进了著名的巴黎高等综合工科学院。22岁那年他去波兰探亲度假，途中因注意到一个装置上按“人”字形拼成的齿轮而得到灵感，回来后发明了人字形齿轮传动系统，并获得专利。他于1913年创立了自己的公司，专门从事齿轮传动机的生产。

1912年，雪铁龙去美国旅游参观了亨利·福特的汽车厂，他亲眼看到了由泰勒研究和科学化生产组织使福特大幅度降低了T型车的生产成本，受到强烈震撼。于是，他决定以同样的方式来管理自己的工厂。1919年，他在欧洲率先批量生产A型车（图6-15），到1923年日产量已达到200辆，到1924年日产量则达300辆。1924年7月28日雪铁龙汽车公司正式成立。

雪铁龙坚持认为：汽车厂卖的不只是汽车，还有无微不至的服务。他逐步完善了汽车买卖方式，创立了一年保证期制度，建立分销网络，罗列出零件目录及维修费用一览表，使所有销售点、维修点的费用得以统一。1922年，他大力推广分期付款售车方式，成立了全国第一个专司分期付款的机构，并在国外创办了不少汽车出租公司，在全国各地形成了一个游览车服务网。

图6-15 1919年第一辆雪铁龙汽车

雪铁龙在对公司和产品的宣传方面可谓煞费苦心：他让汽车从高山上翻滚而下以证明车身的坚固耐用；他雇用飞机以五彩的烟火在空中画出“雪铁龙”的字样；更为绝妙的是，他于1925年在巴黎埃菲尔铁塔上以霓虹灯方式做广告，使巴黎四周半径30 km以内的地方都可看到（图6–16）；1923年，他发起了穿越撒哈拉大沙漠的大型车赛；1931年，他在法国巴黎开办了当时全球最大（长400 m）的汽车商场，除了经销汽车外，也在场内放映电影和开办音乐会。

图6-16 安德烈·雪铁龙的营销手段（埃菲尔铁塔霓虹灯、喷气飞机空中表演）

20世纪30年代，雪铁龙在工程师勒费伯的建议下，不惜巨资研制生产出了集前轮驱动、底盘车身一体化、液力制动3项尖端技术于一身的T型车——Traction Avant。该车几乎包括了现代汽车业的设计奇迹，也是当时最成功的汽车产品。

1934年4月18日，雪铁龙向新闻界展示这辆车时，全世界都感到惊奇。但是由于所需经费庞大，他只好向部分经销商以及米其林公司请求赞助。虽然这种后来被人们称之为“强盗车”的前轮驱动车给雪铁龙公司带来了极大的荣誉和滚滚利润，但在当时却因研究周期过长而使产品未能如期推出，加之匆匆投产后又存在许多设计、制造方面的缺陷，销路受阻，雪铁龙顿时负债累累，不得不将公司卖给米其林公司。此后，他因忧郁住进了医院，1937年7月，雪铁龙去世。

六、管理天才——瓦尔特·克莱斯勒

瓦尔特·克莱斯勒（Walter Chrysler，1875—1940年，图6-17）是美国三大汽车公司之一的克莱斯勒公司的创始人。

图6-17 瓦尔特·克莱斯勒

1910年，克莱斯勒受聘担任了通用汽车公司别克分部中一家工厂的技术经理。后来，由于克莱斯勒与时任通用总载的杜兰特难以合作，他于1920年3月25日离开了通用公司。赋闲在家的克莱斯勒受聘担任了经营困难的威利斯—奥弗兰汽车公司和马克斯威尔公司的顾问，同时经营起了两家公司。1921年，当马克斯威尔行将倒闭时，他正式接管了公司的经营大权，名正言顺地对其进行了整改。1924年，由克莱斯勒本人主持开发的第一个车型终于问世（即非常有名的“克莱斯勒6号”车型，图6-18）。这种采用了高压缩比发动机的汽车在市场销售中很受欢迎，问世当年就售出了3.2万辆。利用这一难得的良机，克莱斯勒接受并改组了马克斯威尔公司，并于1925年6月6日正式宣布成立克莱斯勒汽车公司，自己就任总经理。

克莱斯勒汽车公司成立以后，发展极其迅速，相继推出的“克莱斯勒4号”和“系列58”两种新车。公司在1925年的国内排名只有27位，1927年则上升至第4位。1928年，克莱斯勒公司通过股票交易的方式买下了道奇公司和普利茅斯汽车公司。道奇公司当时在美国排名第三，有良好的商誉和可靠的销售网，买下它之后，克来斯勒汽车公司在1929年即跃升为美国三大汽车公司之一。1933年，该公司在美国的市场占有率为25.8%，超过了福特，仅次于通用。1934年，通过将发动机和驾驶舱迁移，封闭车身并提高驾驶操控性能和重量分配设计，克莱斯勒设计出了Airflow（图6-19）。Airflow影响了全球的汽车设计理念。第一款丰田车的车身就是以DeSoto Airflow车型为基础的。

图6-18 “克莱斯勒6号”车

图6-19 Airflow

1935年7月22日，克莱斯勒在过完60周岁生日后，辞掉了公司总经理职务改任董事长，直至1940年7月22日去世。

七、赛车之父——恩佐·法拉利

恩佐·法拉利（Enzo Ferrari，1898—1988年，图6-20）一生都在致力于提高赛车的性能，当前风头最劲的F1赛车运动就是在他的影响下被传播到世界各地的。

恩佐·法拉利生于意大利北部。他的父亲不仅是一个技艺超群的铸铁好手，还是一个如痴如醉的“赛车迷”。在他10岁那年，父亲带他到波伦亚观看了一场汽车比赛，从此他和赛车结下不解之缘。

图6-20 年轻时的恩佐·法拉利

视频：恩佐·法拉利

1916年，法拉利父亲因病去世，不久战争又夺去了他兄弟的性命，他本人也不得不应征入伍。第一次世界大战结束，20岁的恩佐·法拉利与另一位测试员配对赛车搭档，自费加入了森姆尼赛车队（Costruzione Meccaniche Nazionalia），第一次体验了赛车运动独具的疯狂刺激。

他在22岁那年的大奖赛中夺得亚军，并得到了阿尔法·罗密欧汽车制造公司老板的垂青，成为一名“拿生命开玩笑”的试车员。在39岁那年，他率领以自己名字命名的“法拉利赛车队”，先后在方程式赛车、24小时跑车耐力赛、米勒·米格特大奖赛（Mille Migtia）、塔格·佛罗热大奖赛（Targa Floria）等各种大赛中出尽了风头，参加了39场大奖赛，获得了11场冠军。

1947年，法拉利创建了自己的汽车制造厂，生产出第一辆以自己的名字进行命名的汽车——法拉利Tipo125（图6-21），以跃马图为商标。在以后的3年时间里，法拉利又相继生产了Tipo166（图6-22）、Tipo195、Tipo212、Tipo225等型号的赛车。法拉利赛车先后夺得过多项桂冠：在1951年的迈勒·米格拉尔汽车大赛上，排量4.1 L的Tipo375获胜；在布宜诺斯艾利斯1 000 km汽车赛上，排量4.9 L的Tipo410夺魁；1956年，经过法拉利改造的蓝旗车一举夺取了世界汽车竞赛的最高荣誉——一级方程式赛车年度总冠军。这一连串的胜利，奠定了法拉利赛车在世界车坛至高无上的地位。法拉利除了制造赛车并参加大赛以外，还积极策划制造法拉利跑车，以求以车养车——用出售跑车所获得的利润来支持自己的赛车计划。可惜小规模的跑车生产获利有限，难以支持赛车队庞大的开销，经济常常陷入困境。1969年，法拉利答应让本国的菲亚特公司收购，条件就是对方在今后的岁月里不得干扰其赛车活动。

图6-21 法拉利Tipol25

图6-22 法拉利Tipol66

图6-23 法拉利F40

1987年，89岁的恩佐·法拉利推出了纪念公司成立40周年，集几十载设计制造精华于一身、轰动全球跑车制造行业的“法拉利F40超级跑车”（图6-23）。这款超级跑车，装配有V8发动机，双项置凸轮轴，排气量3 L，输出功率增强为305 kW，最高时速超过320 km/h，被环球车坛元老们称赞为“划时代的超级跑车”。1988年8月14日，汽车界的巨星恩佐·法拉利去世，享年90岁。

八、通用之杰——艾尔弗雷德·斯隆

图6-24 艾尔弗雷德·斯隆

艾尔弗雷德·斯隆（Alfred Pritchard Sloan, Jr.，1875—1966年，图6-24）是一位传奇式领袖，被誉为第一位成功的职业经理人，是通用汽车公司的第八任总裁，是在管理与商业模式上创新的代表人物。

斯隆毕业于麻省理工学院。其父在1898年以5 000美元买下一家小型滚珠轴承厂，送给他经营。20年后，斯隆以1 350万美元（2 700倍）把工厂卖给了杜兰特而加盟通用汽车担任运营副总经理，3年之后，斯隆于1923年升任公司总经理和总裁（CEO）。这可是临危受命，当时通用汽车公司岌岌可危，正处于解体的边缘。当时，福特汽车的市场占有率为60%，通用汽车才12%。但其后斯隆采取了一系列措施，很快扭转了通用汽车公司的困局。

斯隆在通用公司创立了多部门的组织机构，首先清除了杜兰特设立的许多分支机构，把最有用的汽车制造单位合并到各个部门。

斯隆认为，通用公司的产品应该系列化，从凯迪拉克开始，随后是别克、奥克兰、奥兹莫比尔，最后是雪佛兰。生产这些不同品牌汽车的单位各自都有自己的管理人员和生产线。各个单位的经理既相互合作又相互竞争。这就是说别克和奥兹莫比尔共用一些部件，但同时在规格和价格上又有相似的产品。这样，一些购买别克车的顾客可能会对奥兹莫比尔产生兴趣，反之也一样。斯隆这样做的目的是既保留竞争的好处，又可大规模节约生产成本。

斯隆把销售放在首位。他掌管通用公司时，汽车大王亨利·福特在革新和发明技术的情况下改装了著名的T型汽车，并且下调价格，这也反映出大规模生产节约实惠的特点和生产过程的改善。斯隆则要求不断改革样式。与此同时，福特公司认为没有必要设立设计部。然而在通用公司，设计人员常常比技术人员更有权力。

在斯隆的领导下，通用公司一直以顾客至上为原则。他提出汽车外观和销售的4条新原则，20世纪二三十年代在通用公司实行并推广。这4条原则后来成为汽车工业的基本原则，分别是：分期付款、旧车折价、年年换代、密封车身。前3条的效果特别明显，意义尤为重大。

斯隆的战略思想及实践大获成功。1921年，通用公司生产了21.5万辆汽车，占国内汽车销售量的7%。1926年底，斯隆把产量提高到120万辆小汽车和卡车，使通用公司占国内汽车销量的40%。1940年，通用公司生产了180万辆汽车，占当年汽车销售总量的50%。相比之下，福特公司的销售份额从1921年的56%下降到1940年只占19%。不仅远远落在通用公司之后，而且还屈居1921年以后成立的克莱斯勒汽车公司之后，落到名列第三的地步。这是美国企业史上最具有戏剧色彩的大起大落。到了20世纪20年代，市场上的顾客大都是已经拥有一辆汽车的人，他们期望得到的绝不仅仅是一辆黑色的“福特老式汽车”，面对市场需求的变化，福特的做法是对T型汽车的机械部分进行精密的改进；而斯隆生产的汽车却是多彩多样，线条优雅，既有方便的取暖器，又用自动离合器代替了手柄，即便是妇女驾车，也感到舒适惬意。

九、汽车生产革新之父——丰田喜一郎

视频：丰田之道

丰田喜一郎（图6–25）出生于1894年，其父亲丰田佐吉既是日本有名的纺织大王，也是日本大名鼎鼎的“发明狂”。

图6-25　丰田喜一郎

丰田喜一郎从东京帝国大学工学系机械专业毕业后，来到父亲的“丰田纺织株式会社”当了一名机师。丰田喜一郎预感到汽车行业具有广阔的发展前景，决定将其作为自己的终身事业，他的这一想法得到了父亲的大力支持。1929年底，他在英国花费了4个月的时间体验了英国的汽车交通，走访了英、美尤其是美国的汽车生产企业，彻底弄清了欧美国家的汽车生产状况。这次国外之旅给他留下了极为深刻的印象，坚定了他发展自己的汽车事业的决心。

丰田佐吉临终前，将转让专利所获得的100万日元专利费交给儿子，作为汽车研究启动经费。当时，美国平均每4人拥有一辆汽车。丰田喜一郎作了这样的构想：如果国内每10人拥有一辆汽车的话，1亿日本人需要1 000万辆；按汽车的平均使用寿命10年计算，每年需要新车100万辆。当然，他所没有想到的是，今天的日本已达到每3人拥有一辆汽车的水平，而且还有大量的汽车出口到世界各国。

丰田佐吉去世以后，公司总裁的职位由丰田喜一郎的妹夫丰田利三郎担任。他与丰田喜一郎在许多问题上有分歧。1933年，他勉强同意公司设立汽车部。丰田喜一郎购回一台“雪佛兰”汽车发动机进行反复拆装、研究、分析、测绘。在研究这台发动机的过程中，他产生了指导日后公司发展战略的认识观点：“贫穷的日本需要更为适合全家一起乘坐的汽车。”1934年，他托人从国外购回一辆德国产的DKW前轮驱动汽车，经过连续两年的研究，于1935年8月造出了第一辆“丰田G1”卡车（图6–26）。

图6-26　丰田G1

利三郎同意丰田喜一郎于1937年8月27日另立门户成立“丰田汽车工业株式会社”，创业资金为1 200万日元，拥有职员300多人。丰田汽车公司刚刚成立，就遇上了一场几乎使其倒闭的世界经济危机。此时侵华战争爆发，丰田公司与其他许多生产厂家一起被纳入了战时军需工业品的生产轨道，陆军将其所有库存货车一次购光，这才使其摆脱了危机。

丰田喜一郎颇有战略家的眼光，他自开始组织汽车生产就注意到从基础工业入手着眼于整体素质的提高，使材料工业、机械制造、汽车零部件业与汽车工业同步发展，为汽车的大批量生产创造了必要条件。他一面向日本政府提出发展材料和机器制造两个行业的建议，一面在自己的公司着手开发炼钢和机器制造。

丰田喜一郎对汽车工业的另一项重大贡献在于对生产过程的科学管理。为了确保产品质量，实现大批量生产，他在自己的企业中进行了一系列试点。首先，他将全公司的工厂结构进行了调整：将新川工厂改为爱知钢铁公司；将机床生产部改为丰田机械公司；将车身部改为丰田车身公司等。经过调整，公司改变了大一统的混乱生产格局，使公司的专业化程度、管理水平、技术水平、生产能力都有了大幅度提高。丰田喜一郎的创新之处在于将传统的整批生产方式改为弹性生产方式。按照他的模式组织生产，工人和工厂都可得到好处：工人"每天只做必要的工作量"即可，早做完者早下班，做不完者可加班；工厂无须设置存货仓库，无须占用大量周转资金，许多外购零部件在付款之前就已被装车卖出了。他为推广这一生产方式而喊出的"恰好赶上"口号，经后来的公司副总裁大野耐一进一步发展之后，成为完善的"丰田生产方式"。今天，"丰田生产方式"已超越国别、行业而成为世界许多国家争相学习的先进经验。

视频：中国汽车之父饶斌

十、中国汽车之父——饶斌

图6-27 饶斌

饶斌（1913—1987年，图6-27）是中国汽车工业的奠基人，享有"中国汽车之父"的盛誉。1953年7月，他把第一锹黑土抛向毛泽东亲自题词的一汽建设奠基石；又是他接受了生产红旗轿车的任务；1964年，他又奉命到武当山下，并在随后到来的"文革"狂潮中艰难地主持创建二汽。

1953年6月9日，毛泽东签发《中共中央关于三年建成长春第一汽车制造厂的指示》，这天成为新中国汽车工业的发祥日。

在一汽，饶斌不仅是汽车厂长，也是建筑公司经理，工作强度很大。为掌握汽车工业制造技术和建筑技术，他虚心向技术人员求教，成为能够推车送浆、操作机床、摘掉不懂汽车工业"白帽子"的领导干部。

1956年7月13日，一汽总装线上开出由中国人自己制造的第一批解放牌载货汽车（图6-28），结束了中国不能自己制造汽车的历史。1964年，中国经济形势好转，筹建二汽的工作又落到饶斌头上。项目选址确定在湖北十堰，1969年10月，来自全国30多家工厂、设

图6-28 我国第一辆汽车"解放牌"下线

计院和建筑单位的建设者以及2.5多万名民工，汇集在十堰周围数十千米的工地上，拉开了建设第二汽车制造厂的序幕（图6–29）。面对二汽建设的困难和要求，饶斌经过缜密思考，提出用“聚宝”的办法建设二汽，由全国的汽车和机械制造企业包建各个分厂，形成系统的现代化汽车制造企业。

图6-29　第二汽车制造厂奠基

改革开放之初，邓小平同意引进汽车合资项目，饶斌建议由上海承担。在一些国家拒绝合作的同时，美国通用、福特和德国大众都表示了浓厚兴趣，经过60多轮谈判，基本上确定与德国合作15万辆的项目，因为只有他们愿意提供1982年投产的桑塔纳新车。不料，中国代表团一行赴德国考察时，德国大众内部却出现分歧，负责财务的总裁认为这样大的项目花钱多、利润少，而且外汇难以平衡，于是派人到北京“打退堂鼓”。饶斌在与德方谈判时建议，将15万辆的规模压缩为3万辆，主张要走少投资、快见效、滚雪球发展的思路，这个建议获得大众公司高层首肯。1984年10月，中德双方在北京人民大会堂举行隆重的合营合同签字仪式（图6–30）。上海大众公司在改革开放的大潮中应运而生。

图6-30　上海大众合同签字仪式

任务二　世界汽车史话

一、汽车史上的6座发展里程碑

20世纪是人类进入工业化社会的世纪。制造业是工业化的龙头，它影响着整个工业化的发展进程。其中汽车工业又是20世纪对人类生活影响最大的产业。汽车技术已有100多年的历史，有一些独具一格的设计在汽车发展史上占有突出的地位，曾经影响甚至决定了汽车演变的方向，这里介绍20世纪汽车技术发展史上6个最重要的里程碑。

1.“梅赛德斯”开创了汽车时代

19世纪末，法国的帕纳尔—勒瓦索公司将发动机装在车前部，通过离合器、变速装置和齿轮传动装置把驱动力传到后轮，这种方案后来被称为“帕纳尔系统”。人们常常称这种方案为常规方案，目前还有一些汽车生产制造厂采用这种方案，其中大多数是生产大型汽车的厂家，如载货汽车。

视频：福特T型车

“帕纳尔系统”的地位是1901年由当时的戴姆勒发动机公司真正确立起来的，它被安装在威廉·迈巴赫设计的一辆汽车上，这种汽车成为全世界汽车制造的样板。当年，戴姆勒公司有一位杰出的汽车推销商，名叫埃米尔·那利内克，他很喜欢赛车。汽车比赛在当时就是一种有效的汽车广告，那利内克看到了这一点，并用他的那辆奔驰车参加过许多次比赛。但是，他那辆20 kW（28 hp）的汽车很难胜过法国的赛车，于是他说服设计师迈巴赫设计出了一种全新型号的汽车，在机械性能及外型上都做了较大的改进。埃米尔·那利内克1901年3月用新的赛车参加了“尼扎赛车周”。他有个可爱的女儿叫梅赛德斯，他用女儿的名字“梅赛德斯”作为汽车的牌号登记参赛，这种新赛车战胜了所有的对手，一鸣惊人。从此，德国人就喜欢将戴姆勒—奔驰的汽车叫“梅赛德斯”（图6-31）。

图6-31　1901年生产的梅赛德斯汽车，可爱的梅赛德斯

2.福特T型车的大批量生产

1908年10月1日，汽车技术史上树起了第二个里程碑，底特律开始生产一种以“福特”命名的汽车，型号为“T型”。这种汽车推动了一个新的工业时代的到来，在这个时

代，工人们首次用大批量生产的部件在流水线上组装汽车（图6–32）。

图6-32 福特T型车生产线

亨利·福特的T型汽车是一种没有先例的技术典型。构造简单的四缸发动机只有14.7 kW（20 hp），工作容积为2 884 mL，转速1 600 r/min。工作负荷低，转速慢，使得这种发动机非常坚固耐用，它可以使用最低劣的汽油，甚至可以用煤油比例很大的混合油。

亨利·福特的目标是生产“全球车”。自1908年10月1日第一辆T型车交货以来，直至1927年T型车成为历史，共售出1 500多万辆。1913年底，美国售出的汽车近一半是福特生产的。到20世纪20年代，全世界一半以上的注册汽车都是福特牌。

T型车的许多创新永远地改变了汽车制造业。流水组装线是亨利·福特于1913年首创的。由T型车推广开来的创新还有许多，如方向盘左置使乘客出入方便。T型车第一个将发动机汽缸体和曲轴箱做成单一铸件，第一个使用可拿掉的汽缸盖以利于检修，第一个大量使用由福特汽车公司自己生产的轻质耐用的钒钢合金。T型车灵巧的“行星”齿轮变速箱让新手也觉得换挡轻松自如。

3.前轮驱动汽车的创造者——雪铁龙

继威廉·迈巴赫和亨利·福特之后，安德烈·雪铁龙于1934年在法国树起了汽车史上的第三个里程碑。1919年，这位法国企业家第一个在欧洲实行汽车的流水线生产。

1934年，一种新型的汽车结构出现了：一款名叫7A的前驱动汽车问世。前轮驱动、无底盘的车身结构、通过扭杆实现单轮减振以及液压制动等，这些技术都曾有人采用过，但从未有人把这些集中在一辆汽车上批量生产。在许多警匪电影中，这种车由于性能可靠而被用作逃跑的车辆，被人称为成功的“强盗车”。这种车，除了个别地方做了一些小修改外，连续生产了25年，最后被安德烈·勒费弗尔设计的第二种汽车，即雪铁龙ID/DS型汽车所取代。

4.创造神话的“甲壳虫”

视频：让人一见倾心的甲壳虫

甲壳虫型汽车（图6–33）的成功是众所周知的。甲壳虫型汽车的基本结构在它的“一生”中都没有改动。“甲壳虫”的发动机是后置的，现在后置发动机的轿车早已淡出市场，只有赛车才装后置式发动机。

图6-33 20世纪甲壳虫与现在甲壳虫对比

图6-34 设计者伊斯哥尼斯与第一辆Mini成品车

视频：宝马Mini的历史

图6-35 Mini经典款

视频：宝马Mini的生产过程

目前，“甲壳虫”已经卷土重来，大众汽车公司再度推出“甲壳虫”车，并取名“新甲壳虫（New Beetel）”，引起了人们的极大兴趣。大众“甲壳虫”车的优点同样是结实耐用，不讲究豪华，价格大众化。

5.难以超越的“迷你”汽车

在“迷你”汽车出现以前，从来没有见过这么“迷你（Mini）”的（图6-34）汽车。这种车长3.05 m，宽1.4 m，质量仅为630 kg，简直是个“侏儒”，所以25 kW（34 hp）横置的发动机可以使它的时速较高。这种小型车在取得“观念上的突破”的同时，还在汽车赛中取得成就，其中在蒙特卡洛汽车赛中三次夺魁，在无数次环形路车赛中获胜。同时，人们根据微型车的方案生产出各式各样新型的与之竞争的汽车，除少数生产传统名牌汽车和豪华型汽车的公司外，几乎所有公司都模仿了“迷你”车的设计，微型轿车也成为了汽车家族的重要成员（图6–35）。

6.20世纪90年代风靡世界的多用途厢式车

多用途厢式车，英文全称为Multi-Purpose Vehicle，缩写为“MPV”，这种由法国雷诺汽车公司在20世纪80年代创造的Espace牌MPV，以它新颖的车厢布局设计引起了车坛的轰动（图6–36）。

图6-36 雷诺Espace2006款

以前汽车的后排座位是固定不动，一成不变的。而MPV则是车内每个座椅都可独立调节，可以做成多种形式的组合，即可是乘车形式，又可组合成有小桌的小型会议室。从车厢座椅位置的固定到可调，从固定空间布置到可变空间布置，标志着汽车使用概念上的变革。受MPV设计概念的启发，现代汽车上又出现了运动型多用途车，英文全称为Sport & Utility Vehicle，简称“SUV”，它具有轿车和轻型卡车的特点。在MPV与SUV的基础上，又出现了近年风靡全球的休闲车热浪。休闲车简称“RV”，它在设计思想上，承袭了MPV的基本设计概念——可变的车厢空间组合。

二、世界十大名车

世界名车需要有深厚的历史传承，精良的加工工艺，吸引人眼球的外观，高昂的售价。下面所列举的十款公认的世界名车，不仅稀有、漂亮、设计大胆，而且非常前卫，以至于主流汽车不敢向其学习。它们的最高速度创下了汽车史上的各种纪录，它们的科技是如此领先，但仅有世界上少数有钱人能够购买。

1.布加迪威航Super Sport（图6-37）

图6-37　布加迪威航Super Sport

视频：布加迪威航Super Sport

售价：260万美元（约1 614万元人民币），全球限量生产30台。

布加迪威航Super Sport，使用与威航相同的 8.0 L 16缸4涡轮增压发动机，最大功率达到了1 200 hp，最大扭矩1 500 N · m。最高时速达431 km/h。

布加迪威航Super Sport继承了布加迪家族的外形特点，只在细节方面进行了修改。车身采取了上黑下红的喷漆颜色，同时轮毂也被设计成了橘红色，与车身颜色完美搭配起来。在内饰方面，采用了碳纤维搭配真皮装饰，做工精致，车内部主色调为黑色，搭配橘黄色的明线。

2.柯尼赛格Agera（图6-38）

图6-38　柯尼赛格Agera

视频：柯尼赛格Agera欣赏

售价：150万美元（约931.365万元人民币）。

瑞典的柯尼赛格Agera，国内售价达2 260万元。它毫不比布加迪威航逊色，新车采用宽阔的前后轮距，配备了新研发的通风钻孔陶瓷制动碟，再加上特别编写的牵引力控制系统，能够自动适应不同路面状况和驾驶模式。柯尼塞格Agera搭载的V8发动机拥有1 080 hp的最大功率和高达1 100 N · m的最大扭矩。全车重1 290 kg，百公里加速时间3.1 s，极速更是能达到390 km/h。

3.阿斯顿 · 马丁One-77（图6-39）

图6-39　阿斯顿 · 马丁One-77

视频：2011上海车展静态实拍阿斯顿 · 马丁One-77

售价：120万英镑（约4 700万元人民币），全球限量生产77辆。

2008年，巴黎车展中首度展出One-77，随即在2009年日内瓦车展中正式推出One-77，这也是Aston Martin创厂以来所推出最贵的代表作。

Aston Martin One-77研发了可输出高达760 hp的7.3 L V12自然进气发动机，0—100 km/h加速可在3.5 s内完成，极速可超越354 km/h。采用全新设计单体式碳纤维座舱结构，配合轻量化锻造铝合金车架手工打造后使得车身重量有效获得控制。

4.帕加尼Huayra（图6-40）

图6-40　帕加尼Huayra

视频：帕加尼 Huayra欣赏

售价：137.5万美元（约935.6万元人民币）。

Huayra有3 770个全新部件，如碳—钛底盘、专门开发的倍耐力轮胎以及博世提供的电控设备等。更重要的是该车还可满足美国的车辆安全标准和美国加州最严格的尾气排放法规。作为全新旗舰跑车，Huayra搭载AMG专门为Pagani打造的6.0L双增压V12发动机，最大功率超过700 hp。Huayra极速是403 km/h，百公里加速为3.2 s。

视频：法拉利LaFerrari欣赏

图6-41 法拉利LaFerrari

5.法拉利LaFerrari（图6-41）

售价：362.48万美元起（约合2 250万元人民币）。

LaFerrari是法拉利推出的一款旗舰级超级跑车，于2013年3月在日内瓦车展首次亮相，以取代法拉利Enzo车型，仅限量生产499台。LaFerrari采用被称为HY-KERS的混合动力系统，其联合输出功率高达708 kW。LaFerrari的百公里加速时间3 s，0—200 km/h的加速时间为7.2 s，极速高达350 km/h以上。

视频：超跑评测之迈凯轮P1

图6-42 迈凯轮 P1

6. 迈凯轮 P1（图6-42）

售价：国际86.6万欧元起（国内1 260万元人民币）。

迈凯轮 P1的V8发动机自身的功率已高达737 kW，当其与电动机实现无缝协同工作时，动力系统的组合输出功率可飙至916 kW。IPAS电子辅助系统是最强大的跑车混合动力系统之一，针对严峻的长时间赛道行驶而设计。

迈凯轮 P1的性能更接近GT3赛车。制动盘中使用了新型陶瓷碳，可吸收比传统陶瓷转子多50%以上的能量。迈凯轮 P1成为全球第一辆混合动力超级跑车。

视频：2011款世爵C8 Aileron欣赏

图6-43 世爵C8 Aileron

7.世爵C8 Aileron（图6-43）

售价：81.84万美元起（约合508万元人民币）。

世爵作为历史超过百年的老厂，一直保持着品牌独特的风格，生产的跑车全部为手工打造，多项指标采用F1标准。2014年12月18日，世爵发布声明宣布破产。

视频：玛莎拉蒂Gran Cabrio MC欣赏

图6-44 玛莎拉蒂GranCabrio

8.玛莎拉蒂GranCabrio（图6-44）

售价48.78万美元起（约合302.8万元人民币）。

玛莎拉蒂GranCabrio提供多达14种的车身颜色选择，以及10种Poltrona Frau真皮内饰颜色。整个敞篷车有超过27.2万种不同的颜色组合。一款4.7 L的V8发动机提供最多433 hp的最大马力，峰值扭矩高达490 N·m。最高车速达到283 km/h，而百公里加速时间为5.5 s。

9.兰博基尼Reventon（图6-45）

售价：145.4万美元起（约合990万元人民币）。

兰博基尼Reventon兰博基尼的车身依照F-22战斗机的风格进行设计。尽管兰博基尼Reventon是建立在兰博基尼Murcielago LP640基础上的，但Reventon是以氟氯碳化合物（CFC）、碳纤维和钢等材料来打造车身及轮毂等。在Reventon车重仅1 665 kg的情况下，Reventon的百公里加速只要3.3 s，极速轻松突破340 km/h。

图6-45 兰博基尼Aventador

10.劳斯莱斯幻影Waterspeed典藏版（图6-46）

售价43.5万英镑（折合约456万元人民币）。

劳斯莱斯幻影Waterspeed典藏版是2014年5月推出的一款豪华双门四座顶级软顶敞篷轿车，该车全球限量生产35台。该车的外观和内饰都加入了蓝色元素，这是为了向传奇人物Malcolm Campbell爵士所创造的水上最速致敬所推出的车型Waterspeed。

视频：劳斯莱斯幻影敞篷版Waterspeed欣赏

图6-46 劳斯莱斯幻影Waterspeed典藏版

幻影敞篷Waterspeed典藏版继续沿用了普通版本的6.75 L V12发动机，最大动力输出338 kW（460 hp），峰值扭矩720 N·m，配合8AT变速箱，百公里加速仅需约5.6 s。

项目小结

历史总是由一些重要人物推动着，10个世界中外汽车名人，有“汽车之父”“设计大师”“管理天才”“赛车之父”“发明狂”等，他们对世界汽车工业的发展起着举足轻重的作用。汽车技术已经有100多年的历史，有一些独具一格的设计在汽车发展史上占有突出的地位，曾经影响甚至决定了汽车演变的方向，本项目介绍了20世纪汽车技术发展史上的6个最重要的里程碑。随着汽车的发展，人们对名车的评价标准也有了变化。

思考与练习

一、连线题

将汽车名人所对应的称号连线。

汽车之父	卡尔·本茨
汽车工业先驱	亨利·福特
设计大师	费迪南德·保时捷
汽车大王	恩佐·法拉利
经销至上	丰田喜一郎
管理天才	艾尔弗雷德·斯隆
赛车之父	瓦尔特·克莱斯勒
通用之杰	戈特利布·戴姆勒
发明狂	安德烈·雪铁龙
中国汽车之父	饶斌

二、填表题

通过本项目的学习，完成下表。

车　型	生产公司	车型特点	影　响
梅赛德斯			
福特T型车			
雪铁龙前驱车			
甲壳虫			
Mini车			
多用途厢式车			

项目七　汽车娱乐

学习目的

1. 能概述世界十大汽车城及中国的汽车城。
2. 能列举世界及中国的著名车展。
3. 能举例说明汽车收藏的种类和概况。

任务一　世界上的汽车城与车展

一、世界十大汽车城

全球汽车工业的发展主要是以产业集群为特征的，当今世界上有58个国家与地区从事汽车生产和制造。中国、美国、日本、德国等15个国家的汽车产量占全球总产量的90%。汽车城的设立，培育与提升了汽车产业竞争优势，促进企业和产业的整体发展。汽车城的建立还可以提高城市和国家的综合竞争力，避免重复投资造成的浪费。下面这十个城市在汽车界都是赫赫有名，可以说都是汽车王国的重要城市。

1. 美国底特律(Detroit)

视频：底特律——兴也汽车 衰也汽车

底特律（图7–1）是美国第五大城市，也是世界闻名的汽车城。底特律位于密歇根州东南部的底特律河畔，与加拿大安大略省的温莎隔河相望，是世界最大的汽车工业中心，号称“世界汽车之都”。从1914年亨利·福特引进汽车生产线后，底特律已发展成为世界汽车中心。通用、福特、克莱斯勒公司总部均设于此，汽车年产量约占全美的27%。

由于受金融危机的重创，2013年7月18日，底特律申请破产。当时，底特律的债务非常庞大，有180多亿美元的长期债务和数十亿美元的短期债务，底特律的破产成为美国目前规模最大的城市破产案。

2.日本丰田市（Toyota City）

视频：丰田汽车影响丰田市经济

丰田市因为丰田汽车公司的存在而成日本闻名于世的汽车城，绰号“东洋底特律”。丰田市位于爱知县中央的西三河地区，总人口695.5万，其中超过一半的市民都是丰田汽车公司的雇员及其家属，许多家庭的祖祖辈辈都在为丰田服务，年满20岁的丰田职工即可分到1辆丰田汽车。在丰田市，丰田汽车公司拥有10座汽车厂，可生产几十个系列的轻、重型汽车。此外，它还有1 240家协作厂。丰田市的出口港是名古屋，建有世界第一、最高容量为5万辆的丰田汽车专用码头。全公司每个职工平均年产值13万美元，居世界之首。在丰田市内（图7–2）随处可见冠以丰田名称的建筑，如丰田鞍池纪念馆、丰田纪念医院、

图7-1　现代化的底特律

图7-2　丰田的研发成果展场

丰田运动中心等，这些都是丰田汽车为职员们建造的福利设施，同时也向公众开放。

3.德国斯图加特（Stuttgart）

斯图加特是一座“奔驰汽车城”（图7-3），全城人口60万，著名的戴姆勒—奔驰汽车公司建于此地。斯图加特这个地名源自德语“马场”二字，古时这里曾是王公贵族的养马场。斯图加特每年要接待14万来自世界各地的汽车用户和汽车商及参观旅游的人，著名的奔驰和保时捷公司的总部都设在这里。奔驰汽车制造业是斯图加特的支柱产业，在斯图加特几乎家家都有奔驰车。现在它已成为德国人均收入最高、失业率最低的城市之一。

视频：逛奔驰博物馆看汽车百年史

4.意大利都灵（Turin）

都灵（图7-4）是世界著名的汽车工业城，位于意大利西北部。都灵的汽车工业十分发达，是意大利最大汽车集团菲亚特公司的总部所在地。全城人口120万，其中30多万人从事汽车工业，每年生产的汽车占意大利总产量的75%。另外还以世界先进水平的技术和设备生产各类汽车零件。该市仅汽车配件行业的年产值就有1 500亿人民币。

视频：意大利汽车工业的诞生地——都灵

5.德国沃尔夫斯堡（Wolfsburg）

沃尔夫斯堡市也称狼堡，位于德国下萨克森州，总面积310平方千米，人口约13万。欧洲最大的汽车制造厂商——大众集团总部就坐落于这里。自从大众集团1934年成立以来，带动了整个城市的发展。1938年，该市作为德国当时现代化的汽车城而兴建起来，开始逐步成为德国北部的工业重镇和欧洲最大的汽车制造中心。现在狼堡市民中的40%都在大众汽车厂（图7-5）上班，大众集团在狼堡的员工达5万人。

视频：大众汽车城

图7-3 奔驰博物馆

图7-4 历史积淀深厚的都灵

图7-5 大众汽车城

图7-6 日本东京

6.日本东京（Tokyo）

东京是日本的首都，也是世界上非常大的城市之一。著名的汽车公司日产、本田、三菱、五十铃公司的总部（图7–6）均设在此地（其中，日产公司的总部2009年再次返回发祥地横滨）。日产公司在东京市的雇员总数近13万人，公司可年产汽车320万辆。本田公司雇员总数达11万人，汽车年产量已高达约300万辆。与传统意义上的汽车城不同的是，东京不单依靠汽车产业，同时还有其他各种支柱产业。

7.法国巴黎（Paris）

巴黎是法国的首都和历史名城，是欧洲大陆上最大的城市。法国最大的汽车集团公司——标致·雪铁龙汽车公司的总部设在巴黎，以生产汽车为主，兼营机械加工、运输、金融和服务业。汽车生产厂多设在距巴黎370 km处的弗南修·昆蒂省的雷恩市，雇员总数有11万人左右，年产汽车220万辆。

8.英国伯明翰（Birmingham）

伯明翰是利兰汽车（Leyland）公司所在地，位于英格兰中部亚拉巴马州，是仅次于伦敦的英国第二大城市。伯明翰是英国的汽车城，世界各大汽车生产厂商在这里都设立了公司，使它的工业产值占全国工业产值的1/5，并享有“世界车间”的美称。

9.德国吕塞尔斯海姆（Rudesheim）

吕塞尔斯海姆是美国通用汽车公司最大的海外子公司——亚当·欧宝公司汽车公司总部所在地，其工业以汽车制造为主。欧宝工厂在1899年生产出了欧宝历史上第一辆汽车。2000年，欧宝投资15亿欧元在欧宝原厂旁边兴建新工厂，于2002年1月7日建成投产。欧宝吕塞尔斯海姆工厂目前拥有18 300名工人，其中生产工人4 500人，开发设计人员7 000多人，其余为管理人员，最高日产量可达1 100台。一辆汽车从冲压开始到组装完毕只需15个小时。

10.法国布洛涅·比杨古(Boulogne Billancourt)

布洛涅·比杨古是世界著名汽车城，人口约10.3万，世界十大汽车公司之一的雷诺汽车制造厂就设在此地。雷诺汽车制造厂创立于1898年，而今的雷诺汽车公司已被收为国有，是法国最大的国营企业。从1970年起，公司允许雇员购买公司股票，但最高不能超过25%。该厂以生产各型汽车为主，公司还涉足发动机、农业机械、自动化设备、机床、电子业、塑料橡胶业的垄断工业。工厂雇员总数为22万人，全年可生产汽车205万辆。

汽车城有两个显著特征：一是汽车产业所占比重大；二是当地经济严重依赖于汽车工业，是当地市民的第一就业渠道。

二、中国的汽车城

随着汽车产业的发展，中国也形成了自己的汽车城。

视频：长春第一汽车制造厂奠基

1.长春

长春是吉林省省会，是中国汽车工业的摇篮——第一汽车制造厂（中国第一汽车集团公司）就设在这里，故有汽车城之称。中国自行制造的解放牌载货汽车和红旗牌高级轿车分别于1956年7月13日和1958年5月在这里诞生。1991年，一汽与德国大众汽车公司合资建立了一汽大众汽车有限公司。长春市拥有大规模汽车工业企业近百家，形成了以一汽集团为主体，以汽车研究所、吉林大学等科研机构为依托，以多家为第一汽车集团（图7-7）配套的零部件企业为支撑的汽车工业体系，形成了一大批与汽车工业发展相关的企业群。

视频：上海安亭汽车城

2.上海

上海是中国最大的经济中心城市，也是国际著名的港口城市。同时上海也是中国最大的汽车生产基地之一，作为中国汽车工业三大集团之一的上汽集团便坐落于此。安亭国际汽车城由上汽集团、上海嘉安投资发展公司等共同出资建设，占地68 km^2，位于上海嘉定区。1985年3月，上汽与大众汽车公司在安亭合资建立了上海大众汽车有限公司。经过30多年发展，上海大众已成为中国生产规模最大的现代化轿车生产基地之一。近150家汽车

图7-7 毛主席乘坐的第一辆东风车和第一汽车标志

图7-8　上海安亭汽车城里的上汽集团

零部件企业也纷纷在安亭设厂。目前安亭汽车城（图7–8）已建成核心区、整车和零部件配套制造区、国际赛车场、教育园区和安亭新镇区5个区域，并有上海汽车技术中心、机动车检测中心、二手车交易市场、汽车展示贸易街等一批功能性项目投入运营，使安亭形成庞大的汽车产业集群。

视频：2014年第260万辆重庆造汽车12月30日下线

3.重庆

重庆以长安集团为龙头，拥有庆铃、上汽红岩依维柯、东风小康、力帆汽车、华晨鑫源、上汽通用五菱等整车骨干企业14家，金冠、迪马、大江等专用车生产企业18家，形成了汽车制造优势产业集群，拥有完善的乘用车、商用车、新能源汽车等整车及其配套零部件产业链，已具备发动机、变速器、制动系统、转向系统、车桥、内饰系统、空调等各大总成完整的供应体系，具有70%以上的汽车零部件本地配套化率。重庆能够生产中高档轿车和经济型轿车、SUV、高品质微车、中高端商用车、新能源汽车等整车产品。2014年，重庆的汽车年产量占全国的11%，在全国省市排名第一，重庆（图7–9）已成为全国最大的汽车生产基地。

图7-9　重庆北部新区汽车城

4.十堰

视频：十堰打造百万辆级汽车城

十堰（图7–10）位于湖北省西北。十堰是中国规模最大的汽车工业基地之一，是东风汽车公司的发源地，拥有众多实力雄厚的大型汽配企业，拥有全国最具实力的汽车技术研究院和中国最大汽车配件交易市场。全市汽车及零部件企业达200多家，汽车工业资产450多亿元，从业人员近20万。十堰以汽车兴市，截至2014年，十堰汽车工业产值占整个十堰工业产值的70%左右，是全国对汽车依赖度最大的地区，是最为名符其实的汽车城。

图7-10 十堰国际汽车城

三、世界五大车展

从1889年汽车首次亮相于巴黎世界博览会以来，车展文化已经从形成、正规化过渡到了成熟化阶段。各类汽车展示活动凭借其盛大的规模，将汽车文化的触角深入到了世界的各个角落。

1.美国北美车展

视频：2015北美车展——高性能跑车斗艳

一年一度的北美国际汽车展（图7–11）的前身是原美国底特律国际汽车展览会，至今已经有近百年的历史，是美国创办历史最长的车展之一，由底特律汽车经销商协会主办。1900年11月，纽约美国汽车俱乐部召开了第一届世界汽车博览会，1907年转迁到底特律汽车城举办。当年，小小的展示区中参加的厂商只有17家，车辆不过33辆。1957年，欧洲车厂远渡重洋而来，首次出现了沃尔沃、奔驰、保时捷的身影，获得了美国民众的高度重视，底特律车展的“王旗”正式树起。1989年，底特律车展更名为北美国际汽车展，每年一月办展。北美车展每年总能出现四五十辆新车。近年来，底特律每次车展都能进账5 000万美元以上。

2.法国巴黎车展

视频：2014年巴黎车展概念车吸睛发布

巴黎车展起源于1898年的国际汽车沙龙会，直至1976年都是每年举办一届。此后每两年一届，在当年的9月底至10月初举办。与此同时，巴黎车展（图7–12）也是概念车云集

图7-11　2014年北美车展盛况和展出的新一代野马

图7-12　首次亮相2014年巴黎车展的概念车标致Quartz

的海洋，各款新奇的概念车常常使观众眼前一亮。第一届巴黎车展共有14万人参加。2012年，巴黎车展共接待了120万名观众和1万多名来自103个国家和地区的记者。

视频：日内瓦车展新式跑车最抢眼

3.瑞士日内瓦车展

日内瓦车展是欧洲唯一每年举办的车展，在位于日内瓦机场附近的巴莱斯堡国际展览中心举行，展览总面积达7万m^2。日内瓦车展创始于1924年，展会多在每年的3月举行，以展示豪华车及高性能改装车为主（图7–13），展品比较个性化。在五大车展中，瑞士是唯一一个没有汽车工业的国家，但却承办着世界上最知名的车展之一，它每年总能吸引超过30个国家的900多辆汽车参展，是世界上举足轻重的车展之一。

4.法国法兰克福车展

德国是世界最早办国际车展的地方。法兰克福车展（图7–14）的前身为柏林车展，创办于1897年，1951年移到法兰克福举办，每两年一届，轿车和商用车轮换展出。法兰克福车展是世界规模最大的车展，有“汽车奥运会”之称。每两年举办一次的法兰克福国际

视频：2015法兰克福国际车展逛汽车、零件、未来

图7-13　2014年日内瓦车展上价值4 000万的柯塞尼格One：1

图7-14　2013年法兰克福车展之“大众之夜”

车展一般安排在9月中旬开展，为期两周左右。参展的商家主要来自欧洲、美国和日本，尤其以欧洲汽车商居多。法兰克福地处德国，唱主角的自然是德国企业，这似乎与底特律车展、东京车展的地域性同出一辙。

5.日本东京车展

始于1954年的东京车展是五大车展中历史最短的，是亚洲最大的国际车展，被誉为“亚洲汽车风向标”，逢单数年秋季举办。该车展在日本东京近邻的千叶县举行，其各类电子三维展示装备让车展的参观者有“头晕目眩”的奇妙感。与其他西方大型车展相比，日本车展（图7-15）更具有亚洲的东方风韵。日本厂商的多款造型小巧精美、内饰高档的车总能成为车展的主角。同时，各种各样的汽车电子设备和新技术也是展会的一大亮点。

视频：2015东京车展掠影

四、中国三大车展

随着越来越多的中国汽车品牌与商家参与到国际车展中，国内对本土车展的热情也日益高涨，目前中国有著名的三大车展：北京车展、上海车展、广州车展。

1.北京车展

北京国际汽车展览会（Auto China）（图7-16）于1990年创办，每两年举办一届。众多跨国汽车企业将北京车展列为全球A级车展。2014北京车展（第十三届）在2014年4月20日揭幕，向观众展示的时间为21—29日，总展示规模达到23万m^2，共展示车辆1 134台，全球首发车118台。跨国公司全球首发车31台，跨国公司亚洲首发车45台。

2.上海车展

上海车展创办于1985年，是中国最早的专业国际汽车展览会，逢单数年举办，是亚洲较大规模的车展之一，车展中各大汽车品牌展示自身最新的高科技车辆，其中不乏初露庐山真面目的首发车。

2015年上海车展（十六届）（图7-17）以“创新、升级”为主题，集中展示了科技进步带来的汽车发展前景，同时也让观众感受到汽车文化与人类物质生活间的密切关心。参展车辆共1 343辆，其中概念车47台。全球首发车109辆，其中23台为跨国车型，亚洲首发车44辆。此外，还有103辆新能源展车，其中51台国内自主品牌，52台国外品牌。

图7-15 2013年东京车展展示丰田FCV CONCEPT概念车

图7-16 保时捷919Hybrid全球首发于2014年北京车展

3.广州车展

广州车展（图7–18）是目前国内三大车展中“最年轻”的，于2003年创办。近年来，广州车展在硬件上有所进步，广州国际会议展览中心号称目前亚洲最大、世界第二大的展览中心，单个展馆面积超过1万m^2，硬件设施一流。不少厂商坦言参展目的是“促进销售，品牌推广”。

图7-17　2015年上海车展哈弗展台

图7-18　2014年广州车展法拉利展位

任务二　汽车收藏

由汽车延伸出的汽车收藏文化已成为汽车领域、收藏领域的新潮，老爷车、车模、汽车海报、汽车邮票无不成为收藏爱好者竞相追逐的藏品。

按收藏对象可分为：实物收藏（老爷车、特别意义的车、车模），零部件（发动机、车灯、轮胎等），与汽车有关的物品（汽车邮票、汽车广告、汽车杂志、汽车礼品等）3类。

一、实物收藏

视频：2015中国国际老爷车展览会

1.老爷车

“老爷车”一词最早出现在1973年英国一本名叫《名车与老爷车》的杂志上，很快得到各国汽车界人士的认可，亦兴起老爷车收藏热。

20世纪20年代至40年代，出现了一种外观和内饰都很精致、豪华的汽车，而驾驶这种昂贵的汽车则是车主身份和地位的象征。人们为这种车取名为“老爷车（Vintage）”。

一般来说，老爷车是人们对现在被珍藏的古老而享有盛名的汽车的称呼。至于有多古老才算老爷车，并没有统一、明确的规定，一般至少是四五十年前生产的，并在早期使用过而现在仍可使用的老式汽车（图7–19）。

老爷车在国外很多国家可以合法上路，两年一检测，通过检测就可以拿到牌照。以下是世界公认的几款具有传奇色彩的老爷车。

（1）价值人民币2.6亿元的布加迪老爷车

美国加州穆林汽车博物馆以4 000万美元的天价，购得已故汽车收藏家威廉森拥有的1936年版名车布加迪57SC Atlantic（图7–20），全球仅下线4辆，依旧存世的只有3辆，它创下了全球汽车最贵的成交纪录。

图7-19　1963年产的法拉利250GTO现价值2亿3千万元

图7-20　布加迪老爷车

（2）LV面料打造的凯迪拉克老爷车

2010年，在美国佛罗里达州奥兰治城举办的2010 Barrett–Jackson收藏汽车拍卖会上，一辆顶棚与内饰由法国著名品牌——Louis Vuitton（路易·威登）打造的1962款凯迪拉克Series 62敞篷车（图7–21）成为全场最闪亮的明星。

（3）007驾驶过的沃尔沃老爷车

当年罗杰·摩尔（007的扮演者）在著名电视剧《圣徒》中的座驾正是沃尔沃P1800，于是沃尔沃P1800也因此风靡一时。如今沃尔沃P1800依然被人追捧，被认为是一款与众

图7-21　凯迪拉克老爷车

图7-22　创造行驶纪录的沃尔沃P1800和车主

不同的沃尔沃汽车，为全世界沃尔沃车迷所喜爱。家住美国纽约长岛的67岁退休教师埃夫·戈登于1966年6月买了一辆沃尔沃P1800，他驾驶着这辆P1800（图7–22）创造了新的行驶里程纪录，总行驶里程超过418万km，大约可绕地球赤道104圈。

图7-23　红旗CA72老爷车

（4）让国人自豪的红旗

红旗CA72（图7–23）产于1959年，是一汽作为国庆十周年献礼，手工打造的第一代“红旗”定型产品，也是中国汽车工业史上第一代高级公务用车，仅制造了10辆。经过40多年的风雨沧桑，目前仅存一辆，堪称“海内孤品”。20世纪70年代初毛泽东指示“要造我们自己最长的车”，并在1976年制造出三开门的“红旗”加长型轿车，被称为“亚洲第一车”（图7–24）。车长10 m，车内空间极为宽敞，安装有空调、冰柜、电视、沙发、卧具等，显示了我国在20世纪70年代汽车工业的最高制造水平，该车只制造一辆。由于毛泽东主席于同年逝世，所以这辆“红旗”车一直未能面世和使用。该车目前由国内颇有名气的“老爷车”爱好者、承德市车迷雒文有收藏。

图7-24　我国第一台加长轿车

（5）从德国开到北京的甲壳虫

2009年恰逢中华人民共和国成立60周年和德意志联邦共和国的建国60周年华诞，同时大众汽车经典的甲壳虫车型也经历了它60年的风风雨雨。几位德国的甲壳虫老爷车收藏者自发开启了一段富有意义的精彩旅程，驾驶自己的老爷车（图7–25）从德国开到中国，要知道车队当中最老的一台甲壳虫已经是60“高寿”了。

（6）可以换20多辆卡宴的老爷车

保时捷卡宴的售价在87万~267万人民币，一辆20世纪70年代参加过勒芒比赛的保时捷过季赛车的价格，如今可以买20多辆卡宴。目前，美国规模最大拍卖行之一的百特菲尔德拍卖行，将一部曾参加过1970年勒芒耐力赛的保时捷917K（图7–26），以高达400万美元（折合人民币2 700万）的价格拍出，这也是该款车首次被拍卖。

图7-25　从德国抵达北京的老爷车队

图7-26　保时捷917K

2.汽车收藏家

世界上有3位资深的汽车收藏家：美国人杰·雷诺、美国保罗品牌创始人拉尔夫·劳伦以及法拉利250 GT SWB California Spyder的主人克里斯·埃文斯。

视频：价值约6 500万美元的汽车收藏

（1）杰·雷诺（Jay Leno）

他的主要汽车藏品：斯坦利蒸汽机车、布加迪Type 51赛车、迈凯轮F1等。他拥有着世界上最著名的私人车库——杰·雷诺的车库（图7-27），这也是他所主持节目名称的由来。该车库占地约1 600 m^2，停放着300多辆汽车，外加60多台摩托车。他专门雇佣了一个技术团队来养护他的这些收藏品。

（2）拉尔夫·劳伦（Ralph Lauren）

他的主要汽车藏品：布加迪Type 57SC Atlantic、阿尔法罗密欧8C 2900B MM Touring Spider、捷豹XK120 Alloy Roadster等（图7-28）。

图7-27　杰·雷诺的车库

图7-28　拉夫尔·劳伦纽约的博物馆

劳伦总共收藏了超过70部经典的老爷车和超级跑车。

（3）克里斯·埃文斯（Chris Evans）

他的主要汽车藏品：法拉利250 GTO、法拉利250 GT SWB、法拉利F40等。

2008年5月，克里斯·埃文斯花了640万欧元购买了美国演员詹姆斯·柯本那辆1961年的法拉利250 GT SWB California Spyder：2010年5月，他又花1 200万英镑购买了一辆1963年的法拉利250 GTO（GTO是意大利语，意指符合赛车标准的公路版跑车）（图7-29）。

图7-29　克里斯·埃文斯特别钟爱的法拉利

3.车模收藏

在欧美和日本等国家和地区，车模收藏是一项热门的收藏门类。随着近几年来车模收藏群体的日益庞大，车模在国内也渐渐被人们所熟悉和重视。

车模是将各种品牌、类型的汽车按规定的比例缩小制成模型，使人们能够在很小的空间里把汽车设计师们的杰作聚集起来，仔细地观赏，在了解汽车设计、结构之余，获得非凡的乐趣和满足感，不仅如此，车模还有增值的作用。

视频：车模收藏家何兆华

车模与汽车玩具不同，它至少应该有60个的零部件，而且必须在原汽车厂的授权下，按原车的设计图纸，按比例缩小后进行生产。高档的车模还有知识产权和收藏证书，并且限量发行，这些都是汽车玩具所不具备的。车模的比例一般采用常用模型比例。为了如实“记录”每款车的传神外形，车模一般都采用较大比例，常见的有1：12，1：18，1：24，1：32，1：43，1：76，1：87等。模型比例的不同，导致其仿真程度也有较大差别，1：43的车模相对于1：18的车模来说，在细节上要省略许多。通常1：18车模的行李厢、引擎盖、天窗和前后车门都能打开，方向盘、轮胎等都能联动，而1：43的车模大多数都是整体封闭式的。1：18车模比较适合主要出于玩赏目的的收藏者，1：24车模比较适合投资收藏者，1：43车模适合想收藏更多车型品种而缺乏空间存放或没有太多时间打理的收藏者。

世界上第一批车模诞生于1914年，当时，美国福特汽车厂在销售新出品的T型车的同时，还赠送给购车者一个精致的T型车小模型，福特的本意纯粹是为了和通用汽车进行竞争。这种被用于赠送的礼品车模一经问世，很快受到爱车人士的青睐。各汽车生产厂继而争相效仿，在推出新车的同时纷纷推出新款车模。1925年出现了别克牌迷你车模型，随即，英国、法国等欧洲国家也陆续出现了各类品牌的汽车模型。

（1）终极跑车——布加迪·威航2009蓝色百年纪念版车模（图7-30）

图7-30 布加迪威航 BUGATTI VEYRON 16.4 2009蓝色百年纪念版车模

【厂商】 德国AUTOArt（奥图亚）出品。【比例】 1∶18。

【描述】 AUTOArt高端精细收藏用模型。左右两侧车门可开，后尾翼可弹起，发动机罩可取下，前盖液压杆支撑可打开，内饰配有植绒地毯，方向盘可联动。随车附送观赏用放大镜、模型布。

（2）1955年 奔驰 300SLR 限量版车模（图7-31）

图7-31 1955年 奔驰 300SLR 限量版

【厂商】 德国CMC公司出品。【比例】 1∶18。

【描述】 出自德国顶级品牌CMC的奔驰经典鸥翼车型300SLR，做工考究精细，全车由1 800多个零件手工打造，驾驶舱鸥翼车门可开，皮质内饰面板，发动机盖可开，后备箱盖可开，方向盘联动，内附配件，轮胎可拆卸。车长约26 cm，宽约8 cm。包装带收藏证书，带独立挂牌编号，全球限量发售4 000台。

（3）红旗CA 7600国宾车特制（图7–32）

图7-32 红旗CA7600国宾车

【厂商】 原厂（世纪龙代工）。【比例】 1：18。

【描述】 红旗CA 7600礼宾版特制全球限量发售4 999台。带独立编号与收藏证书，标准6门开（发动机盖和储物箱与车门全部可开），发动机内夹层可拿出看到发动机细节，检阅版车模自带配件可拆装，内饰配有植绒地毯、高级仿真座椅，方向盘联动，长约36 cm，宽约12 cm。

此外，除了常见的双门跑车、四门轿车车模外，还有大型房车、敞篷轿（跑）车、越野车、商务车、经典车、赛车（公路、拉力、场地、方程式等）、SUV、MPV、专用车（警车、工程车、消防车、军用车）、卡车等汽车模型（图7–33）。

图7-33 其他汽车模型

二、与汽车相关物品的收藏

到目前为止，全世界大约有130个国家和地区共发行了大约5 000种各式各样的汽车邮票，包括有重卡车、赛车、公共汽车、载重车、轿车、生产拖拉机、消防车和邮政车等图案的。

世界上第一张汽车邮票来源于美国，在1901年举办的“纪念新20世纪泛美博览会”上发行了世界上最早的一套汽车邮票，此后，世界第二枚、第三枚汽车邮票也是美国发行的（图7–34）。

在中华人民共和国成立后，发行的第一张汽车邮票（图7–35）是1952年发行的土改邮票，图案背景是第一次出现在邮票上的拖拉机。

图7-34　美国早期发行的汽车邮票

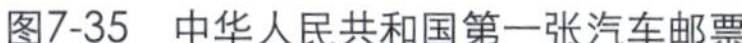

图7-35　中华人民共和国第一张汽车邮票

为展示中华人民共和国交通运输的迅猛发展，1957年发行了《我国自制汽车出厂纪念》纪念邮票（图7–36），是我国第一套汽车专题邮票。

1996年7月15日，一套名为《中国汽车》的汽车邮票（图7–37）面世了，这一套邮票包括4枚特种邮票，展示了我国“红旗轿车”“东风中型载货汽车”“解放轻型载货汽车”和“北京轻型越野汽车”4种国产汽车的英姿。

图7-36　具有划时代意义的邮票

图7-37　4种国产汽车邮票及所对应的车

项目小结

随着全球化浪潮，各国车商越来越注重汽车的宣传。汽车厂商可以通过全球车展和对外宣传产品的设计理念，发布产品信息，了解世界汽车发展方向；消费者可以通过车展了解汽车业的动态。汽车收藏虽盛行于国外，但近年来随着国民生活水平的提高，国内很多汽车发烧友也加入到汽车收藏、车模收藏的行列中。汽车展览和汽车收藏丰富了人们的业余生活，加深了人们对汽车的了解。

思考与练习

一、简答题

简述世界五大车展的名称及历史。

二、填表题

通过本项目的学习，完成下表。

世界汽车城	主要汽车生产厂家
美国底特律	
日本丰田市	
德国斯图加特	
意大利都灵	
德国沃尔夫斯堡	

续表

世界汽车城	主要汽车生产厂家
日本东京	
法国巴黎	
英国伯明翰	
德国吕塞尔斯海姆	
法国布洛涅·比杨古	

项目八　赛车运动

学习目的

1. 能描述赛车运动的起源。
2. 能概述赛车运动的分类。
3. 能说明方程式赛车。
4. 能列举F1赛车著名车队、主要车手以及主要赛道。
5. 能阐明世界汽车拉力赛。
6. 能举例说出其他汽车运动。

任务一　赛车运动概述

一、赛车运动的起源

赛车运动是指汽车按照比赛规则在封闭场地内、道路上或野外，进行的速度、驾驶技术和车辆性能等方面的一种竞赛运动。它是赛车手和赛车交融的体育竞技，具有很高的挑战性和观赏性，体现了人与科技最完美的结合，体现了人类挑战自我、挑战极限的精神。

19世纪80年代，随着汽车工业的发展，汽车运动悄然兴起。从第一辆汽车被生产出来到第一次汽车比赛的举行只不过10年的时间。1894年，法国组织了世界上第一次汽车比赛，线路由巴黎经里昂再返回巴黎，全程128 km，当时共102位车手申请参赛，最终9位到达终点，在汽油车、酒精车、蒸汽车、电动车中，蒸汽车获得了第一名，时速为24 km/h。在赛车运动开展的初期就出现过危机，因为赛车撞向围观人员导致伤亡而两度被停赛。最终在汽车工厂商的强大压力下，恢复了比赛。但为赛车运动制定了一些规则：为了避免汽车在野外比赛扬起漫天的尘土影响后面车手的视线，造成伤亡事故，赛车运动逐渐改在封闭的赛场和跑道上进行。这被公认是封闭赛道开始的标志。1989年11月28日，美国举行首次汽车比赛。赛程从伊利诺伊州的芝加哥至埃文斯顿，全程86.9 km。这次比赛最终有6辆车参加，杜里埃兄弟驾驶着自己发明的汽车率先抵达了终点。

图8-1　国际汽车联合会会标

为了吸引更多的人参加汽车比赛，使比赛更加富有刺激性和挑战性，法国的勒芒市在1905年举行了第一次真正意义上的场地汽车赛。此时赛车已经职业化，德国、意大利、英国、美国都有了自己的赛车参赛。

1904年6月20日，由法国、英国、德国、比利时等几个欧洲国家在巴黎成立了国际汽车联合会（FIA），简称“国际汽联”（图8-1），它负责管理全球汽车俱乐部和各种汽车协会的活动，总部设在瑞士。

二、赛车运动分类（见表8-1）

表8-1　赛车运动分类

<table>
<tr><td rowspan="4">场地赛</td><td rowspan="2">方程式汽车赛</td><td>世界一级方程式锦标赛F1、F3000、F3</td></tr>
<tr><td>A1大奖赛、印第500大奖赛、美国卡特车赛、雷诺方程式、宝马方程式、福特方程式等</td></tr>
<tr><td rowspan="2">非方程式场地赛</td><td>勒芒24小时汽车耐力锦标赛、场地越野赛、直线竞速赛</td></tr>
<tr><td>FIA GT大奖赛、德国房车大师赛、越野车大赛和卡车大赛</td></tr>
<tr><td rowspan="5">非场地赛</td><td>汽车拉力赛</td><td>世界拉力锦标赛WRC、巴黎——达喀尔拉力赛、欧洲拉力锦标赛、亚洲拉力锦标赛、中东拉力锦标赛和老爷车拉力锦标赛</td></tr>
<tr><td colspan="2">汽车越野赛</td></tr>
<tr><td colspan="2">汽车登山赛</td></tr>
<tr><td colspan="2">汽车沙滩赛</td></tr>
<tr><td colspan="2">汽车泥地赛</td></tr>
</table>

任务二 场地汽车赛

初期的汽车赛无论汽车的动力方式、动力大小是否相当，均可参赛，以至于汽车赛就是发动机的功率比赛。直到20世纪30年代，人们逐渐制定出比赛的规则，如发动机的类型、气缸容量等，使比赛公平化。所以，方程式汽车赛名称中的方程式（Formula）原意是惯例、常规、准则、方案，与数学的方程式并无联系。方程式赛车就是以共同的方程式（规则限制）所造出来的赛车，对车辆的长度、宽度、发动机排量、轮距等都有严格限制。

一、方程式汽车赛

1.一级方程式赛车

一级方程式赛车（Formula One，F1）是由国际汽车联盟（FIA）举办的最高等级的年度系列场地赛车比赛，全名是“一级方程式锦标赛”。第一场世界一级方程式汽车赛于1950年5月13日在英国银石赛车场举行，轰动世界。F1是方程式汽车赛的最高级别，也是最精彩、最刺激的汽车比赛，它与奥运会、世界杯足球赛并称世界三大体育运动赛等。

（1）赛事规则

目前，F1是在每年3月中旬开跑、10月底结束，每一个赛季中又包含了许多分站赛，分站赛称为“大奖赛”，通常是代表一个竞技比赛场次的意思，如巴林大奖赛、圣马力诺大奖赛等。F1的大奖赛举办地点遍布全球各地，号称除了南极洲之外范围广布各大洲的世界性运动。F1现共有12支参赛车队，每场比赛最多只有24位车手上场，每个赛季有20场比赛，每场比赛通常在一个国家的一条国际赛道上举办以该国命名的大奖赛，每位车手根据每场比赛的排名，可以获得名次对应的积分，累计计算各个车手和车队一个赛季的总积分，产生年度车手冠军和车队冠军。

（2）F1车手

视频：成为F1赛车手要花多少钱

参加F1比赛的选手，必须持有FIA签发的“超级驾驶执照”。每年全世界有资格驾驶F1的车手不超过100名，而每一位车手在跻身F1大赛前，都必须经过多个级次的选拔，例如小型车赛、三级方程式（F3）车赛、二级方程式车赛等，差不多要8年的时间才能逐步晋升到F1，而要成为世界冠军，站在F1的金字塔上更是难上加难。

F1赛车的驾驶方式使车手必须承受巨大的离心力，车手需要有强健的颈部肌肉、极度发达的手臂及手腕肌肉承受离心力所带来的自身重量4倍的负荷；车手也需要异于常人的心肺功能，因为起跑时心跳高达每分钟190下；车手还需要有极大的耐热性，驾驶舱内高达50~60 ℃，尽管不断补充水分，但约2个小时的比赛使身体脂肪的消耗及脱水将超过4 kg，一般人早已休克；车手必须注意力高度集中，通常一场比赛中必须换挡2 500多次，平均2 s就要换挡一次。所以F1的车手必须集身体素质、车技、经验和意志力于一身。

视频：舒马赫十大尖峰时刻

F1赛事经历半个多世纪，涌现出了众多著名车手，其中以巴西车手埃尔顿·塞纳（Ayrton Senna）和德国车手迈克尔·舒马赫（Michael Schumacher）尤为出色。

视频：法拉利F1车队宣传片

（3）F1车队

目前，F1的车队大致分为两类：厂商车队（如法拉利、宝马）及非厂商车队（如红牛一、二队）。二者区别在于：厂商车队其赛车的引擎、车架、底盘多为自主研发，而非厂商车队则主要依赖赞助。

（4）F1赛车

视频：F1赛车的制造过程

F1的赛车（图8-2）主要出自德国保时捷和宝马公司、意大利法拉利公司、美国福特公司和日本丰田公司。目前，由车队制作车架、车壳，由车厂制造发动机已成为赛车制造的主流，只有法拉利是一家既生产发动机又生产车架、车壳的公司。

图8-2 F1赛车

F1赛车的发动机是车赛取胜的最关键因素。在20世纪50年代，F1赛车曾采用过增压发动机；1977—1989年，则普遍使用涡轮增压发动机。从1989年起，FIA规定禁止使用涡轮增压器，要求采用汽缸数目不超过12个的自然吸气式发动机，并且限制进排气门的尺寸。目前，雷诺V10、法拉利V12、奔驰V10、雅马哈V10、标致V10、福特V8、本田V10等都是著名的赛车发动机。

视频：F1赛道换轮胎速度惊人

F1赛车外形是综合考虑减小车身迎风面积、增加与地面附着力以及赛车运动规则等因素而成型的。F1赛车车身酷似火箭倒放在4个轮子之上，发动机则位于赛车中后部。底盘材料采用碳素纤维板，内夹铝制蜂窝状结构板，比传统铝板重量轻一倍而强度高一倍。赛车高速行驶时，会遇到极大的空气阻力，为了减小空气阻力，赛车外形要尽量呈流线型，以获得较小的迎风面积。

轮胎也是赛车的关键技术。为了使发动机的动力能可靠地传递到路面，轮胎较宽大，用以增加与地面的接触面积。比赛中高速行驶及频繁的强力转向和急刹车使轮胎磨损极快，经常需要在比赛中途换胎。因此，赛车轮胎只有一个紧固螺栓，便于迅速拆装。比赛过程中较多是轮胎的磨损、油耗状态进入维修站换胎及加油，一次需要21个人共同完成，通常只需要花6~12 s来为赛车加油及换胎（图8-3）。

图8-3 赛车在维修站加油、换胎

赛车把所有的控制及显示元件几乎全部都集中在车手的方向盘上，每个按键功能各不相同（图8-4），大大节省了车手的操作时间。

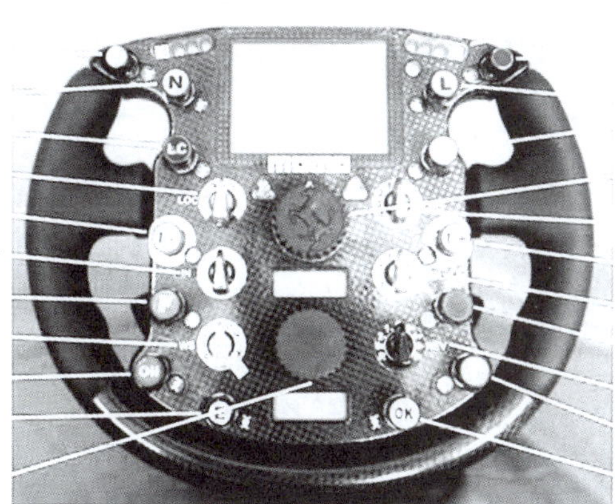

图8-4　F1各赛车方向盘上各按钮功能

（5）F1赛道

F1赛车必须在专用赛场进行比赛，对专用赛场的长度和宽度、路面情况、安全措施等均有极为严格的要求。一般说来，专业赛道为环形，每圈长3~7 km，比赛总距离不能过长，通常为305~320 km。

视频：F1赛车摩纳哥蒙特卡洛赛道展风采

每年的比赛都会选择在16~20条赛道上进行，每条赛道都有自己的特点。例如，摩纳哥蒙特卡洛赛道充满了各种窄弯和高低落差，这里有F1中最慢的弯角（仅能以46 km/h通过的费蒙酒店发卡弯），也有能以260 km/h通过的高速弯；意大利蒙扎赛道以高速而闻名；土耳其伊斯坦布尔赛道则以8号4顶点左手高速弯而闻名。

（6）F1赛车旗语

视频：F1上海赛道

在精彩激烈的F1比赛中，红、黄、黑、白、蓝各色旗帜飘舞在赛场上，是车手和裁判信息传递的工具，五颜六色的旗帜都有各自的具体含义。

2.其他方程式汽车赛

A1大奖赛（A1 Grand Prix）（图8-5）是首次以国家为参赛单位的赛车运动，成立于2005年，享有“赛车运动世界杯”的美誉。

图8-5　A1大奖赛

2010年3月10日，总部设在英国的A1管理公司开始进行赛车拍卖，共有20辆法拉利引擎的第二代A1和12辆老款Lola-Zyteks一起出售。至此，A1正式宣布倒闭。

二、非方程式汽车场地赛

1.勒芒24小时汽车耐力锦标赛

勒芒24小时耐力赛（图8-6，图8-7）是在位于巴黎西南的小城勒芒举行，是影响力仅次于F1的重大赛事，自1923年开始（1936年、1940—1948年除外），每年6月举行，它被称为最辛苦、最乏味的单项赛事。

图8-6 勒芒24小时汽车耐力锦标赛

勒芒耐力赛对汽车的速度和耐力以及车手都是最严峻的考验。赛道将当地的高速公路和街区公路封闭成一个环形线路，是单圈长为13.5 km的沥青和水泥路面。比赛一般从第一天的下午4点开始，一直持续到次日的下午4点，历时24小时。每部赛车由3名车手轮流驾驶，每人连续驾驶时间不得超过4小时，以最高接近400 km/h的速度连续奔跑，换人不换车，所有的加油、换胎和维修时间都包括在24小时以内。最后，行驶里程最多的赛车获得冠军。

由于勒芒耐力赛是全球各种耐力赛中时间最长的比赛，而且选手驾车在同一环行赛道上要不停地转上350多圈，比赛单调、乏味。大多数观众是带着宿营车或帐篷前来观战的，赛场旁的30个大型停车场每次比赛都停满了10万辆汽车。赛场周围还有设施齐备的餐饮、娱乐和休闲场所。

2.FIA GT赛车锦标赛

FIA GT世界锦标赛（图8-8）是国际汽联所管辖的顶级的赛事之一。法拉利、沙林、里斯特、克莱斯勒、玛莎拉蒂、兰博基尼、保时捷等拥有悠久历史和高科技资源的超级跑车制造厂都是FIA GT的座上嘉宾。比赛规定，参赛车辆必须以量产车为基础制作而成，车约重1 100 kg。每场比赛的赛程以500 km或3 h为限，比赛车辆采用动态起跑方式。每一辆赛车有2~3名车手，每位车手最多能驾驶赛程距离的55%。FIA GT最特别的是每站获胜的前5名车，必须接受加重，第一名加重25 kg，第二名加重20 kg，以此类推，第五名加重5 kg，整个赛季，每车累计加重100 kg为上限。

视频：FIA GT世界超级跑车锦标赛

3.德国房车大师赛（DTM）

房车通常指普通轿车，有4个车门，DTM是全世界最高水平的房车赛事，誉为“装上房车外壳的F1”（图8-9）。DTM的赛车改装在20世纪90年代已经在全世界房车比赛中处于世界领先地位，例如，最先使用碳纤维车身配件、钛合金发动机活塞及连杆、电子悬挂系统、发动机最高转速超过1 000 r/min等。DTM有奥迪和梅赛德斯奔驰两个车厂8个车队19名车手参加。前身是德国房车锦标赛，曾因成本过高而于1996年停办，于2000年再次重返国际赛车舞台。

视频：经典的DTM德国房车大师赛

图8-7　2015年勒芒24小时汽车耐力锦标赛

图8-8　2009年FIA GT试车活动

视频：世界汽车拉力锦标赛（WRC）精彩片段

图8-9　宝马车队成功加冕德国房车大师赛（DTM）2014赛季总冠军

任务三　汽车拉力赛

一、汽车拉力锦标赛

视频：达喀尔拉力赛

汽车拉力锦标赛WRC（World Rally Championship）始于1973年，是与F1齐名的一个顶级汽车赛事。F1与WRC完全不同，前者操作特制的方程式赛车在封闭的F1专业赛场上突破汽车速度的极限，而后者却需要转战全球各地，驾驶经过专业改装的量产车，战胜包括沙石、冰雪、柏油、泥泽、雨地在内数千公里的各种恶劣地形以成为最终的胜利者（图8–10）。

图8-10　WRC比赛车辆驶过沙地、雪地、沼泽

WRC的参赛车辆必须为各大汽车厂家年产量超过2 500辆的原型轿车，同时对赛车改装后的尺寸、重量、功率以及排量都有严格的限制。参赛车辆必须按照比赛规定的行驶路线，在规定的时间内，到达分站点目标并在规定时间内完成赛车的维修检测。特别的是，车手的出发时间是错开的，所以看不到竞争对手。

二、巴黎—达喀尔拉力赛

世界上比赛距离最长的汽车比赛就是巴黎—达喀尔拉力赛（图8–11），被称为世界上最艰苦的拉力赛。需用2~3个星期穿越非洲大陆，全程约10 000 km，赛程的全程跑完率一般仅有38%，有“跑完全赛程者均为胜利者”之说。2009年，由于非洲大陆受到了恐怖主义的威胁，出于安全考虑，赛事组委会决定把比赛转移到南美洲进行。

该比赛为多车种的比赛，共分为摩托车组、小型汽车组（包括轿车和越野车）以及卡车组。比赛路段分布在宽阔甚至漫无边际的撒哈拉沙漠、毛里塔尼亚沙漠以及热带草原，与WRC相比，几乎没有现成的道路。车手和领航员除了依靠组委会的路线图以外，还要借助指南针直至今天的GPS全球定位系统，才能到达和通过每一个集结点。

巴黎—达喀尔拉力赛最特别的地方在于：赛程艰险且最长，专业选手和业余爱好者共同参赛，参赛车种丰富，每年均更改赛程路线。

图8-11 达喀尔比赛穿越沙漠的摩托赛车和越野赛车

任务四 其他汽车运动

一、卡丁车运动

卡丁车运动（图8-12）是汽车运动中的一个特殊类别，它不仅作为汽车场地竞赛的一个项目，同时也是普通大众均可参与的休闲健身娱乐项目。卡丁车的结构极其简单：一个车架，一台两冲程发动机，4个独立车轮便构成了卡丁车的全部。安装初级发动机的车辆，最高时速大约是100 km/h；而安装高级竞赛发动机的车辆能达到160 km/h以上的时速。

视频：平民化赛车 卡丁车运动大行其道

卡丁车在欧洲及日本等国家极为流行，大部分世界著名的F1车手，如巴西车王塞纳、德国车手舒马赫、法国名将普罗斯特都是由驾驶卡丁车开始步入车坛的。所以，卡丁车又被喻为“F1的摇篮”。

在网络游戏盛行的时代，卡丁车早已被成功做成了网络游戏爱好者喜欢的跑车竞技比赛游戏，如“跑跑卡丁车”“疯狂卡丁车”“QQ飞车”等。

二、古董车大赛

古董车是指出厂日期在20年以上的汽车，一般出厂年份越早，制造数量越少，汽车越珍贵。每年在欧洲的英国、意大利等国都要举行古董车大赛。目前，最具国际影响力的是意大利举行的“Mille Miglia国际古董车大赛”（图8-13），该项比赛的目的是让博物馆、汽车生产厂商和私人车库中收藏的著名老爷车参加比赛。

视频：意大利老爷车赛Mille Miglia 2014年一千英里耐力赛

图8-12 卡丁车赛

图8-13 2012年Mille Miglia国际古董车车队

项目小结

本项目介绍汽车运动的起源以及汽车运动的分类。汽车运动主要分为场地赛和非场地赛，其中场地赛比较著名的是世界一级方程式赛（F1）、A1大奖赛、勒芒24小时汽车耐力锦标赛、FIA GT大奖赛等；非场地赛中著名的有世界拉力锦标赛（WRC）、巴黎—达喀尔拉力赛等。汽车运动的激烈、惊险、浪漫、刺激，不仅使成千上万的观众为之痴迷，而且还推动了汽车设计制造技术不断发展。

思考与练习

简答题

1.方程式汽车赛与拉力赛之间有何差异？

2.汽车运动有何魅力？

项目九　新能源与智能网联汽车

学习目的

1. 能阐述新能源汽车定义及四大类型。
2. 能概述新能源汽车的发展背景。
3. 能概述国际新能源汽车的产业化进程
4. 能概述我国新能源汽车的产业现状。
5. 能概述我国新能源汽车的发展战略和未来趋势。
6. 能阐述智能网联汽车的定义和组成。
7. 能概述智能网联汽车的发展背景和现状。
8. 能概述智能网联汽车的未来发展趋势。

任务一　新能源汽车

一、新能源汽车的定义和分类

新能源汽车的定义因国家不同其提法也不相同，在日本通常被称为“低公害汽车”。2001年，日本制定了“低公害车开发普及行动计划”，该计划所指的低公害车包括5 类，即：天然气为燃料的汽车、混合动力汽车、电动汽车、甲醇为燃料的汽车、排污和燃效限制标准最严格的清洁汽油汽车。在美国通常将新能源汽车称作“代用燃料汽车”。

图9-1　新能源汽车

新能源汽车（图9–1）现普遍是指采用非常规的车用燃料作为动力来源（或使用常规的车用燃料、采用新型车载动力装置），综合车辆的动力控制和驱动方面的先进技术，形成的技术原理先进，具有新技术、新结构的汽车。

新能源汽车包括四大类型：混合动力电动汽车(HEV)、纯电动汽车(BEV)、燃料电池电动汽车(FCEV)、其他新能源（如太阳能、超级电容器、飞轮等高效储能器）汽车等。非常规的车用燃料是指除汽油、柴油、天然气(NG)、液化石油气(LPG)、乙醇汽油(EG)、甲醇、二甲醚之外的燃料。

二、新能源汽车的发展背景

在人类历史长河中，已经经历了两次交通能源动力系统变革，每一次变革都给人类的生产和生活带来了巨大变化，同时也成就了先导国或地区的经济腾飞。第一次变革发生在18 世纪60 年代，以蒸汽机技术诞生为主要标志，煤和蒸汽机使人类社会生产力获得极大的提升，开创了人类的工业经济和工业文明，从而引发了欧洲工业革命，使欧洲各国成为当时的世界经济强国。

而第二变革发生在19 世纪70 年代，石油和内燃机替代了煤和蒸汽机，使世界经济结构由轻工业主导向重工业转变，同时也促成了美国的经济腾飞，并把人类带入了基于石油的经济体系与物质繁荣。

今天，人类再次来到了交通能源动力系统变革的十字路口，第三次变革将是以电力和动力电池（包括燃料电池）替代石油和内燃机，将人类带入清洁能源时代。

在能源和环保的压力下，新能源汽车无疑将成为未来汽车的发展方向。如果新能源汽车得到快速发展，以2020年中国汽车保有量1.4亿计算，可以节约石油3 229万吨，替代石油3 110万吨，节约和替代石油共6 339万吨，相当于将汽车用油需求削减22.7%。2020年以前节约和替代石油主要依靠发展先进柴油车、混合动力汽车等实现。到2030年，新能源汽车的发展将节约石油7 306万吨、替代石油9 100万吨，节约和替代石油共16 406万吨，相当于将汽车石油需求削减41%。届时，生物燃料、燃料电池在汽车石油替代中将发挥重要的作用。

三、国际新能源汽车的产业化进程

1.欧美新能源汽车的产业化进程

（1）美国

美国长期以来侧重降低石油依赖，确保能源安全的能源战略，将发展电动汽车作为在交通领域实现在根本上摆脱依赖石油进口的重要措施，并以法律法规的形式确立其战略地位。

美国以生物质替代燃料为突破口，生物质替代燃料技术已经十分成熟，替代效果明显。美国政府不断加大对生物燃料技术的研发和基础设施建设，乙醇和生物燃料产能不断扩大，预计未来十年内，美国乙醇、生物柴油等代用燃料将实现15%的汽油替代。以特斯拉（图9-2）为代表的纯电动汽车是美国新能源汽车的代表，其混合动力汽车的销售量逐年增加，插电式增程电动汽车将成为美国未来主流技术路线。

图9-2　特斯拉汽车标志

（2）欧洲

欧洲更加强调温室气体减排战略，通过排放标准（图9-3）引导新能源汽车发展，满足日益严格的CO^2排放限值要求成为欧洲电动汽车发展的主要驱动力。欧洲将发展清洁型柴油汽车作为现阶段新能源汽车的发展的重点，主要因为欧洲汽车厂商在柴油发动机上具备强大的技术优势，因此欧洲在清洁柴油乘用车方面发展最为迅速。1991年欧洲柴油汽车的市场份额不足20%，2003年欧洲柴油汽车市场份额超过40%，到2009年欧洲柴油汽车市场份额迅速增加到60%。据统计，欧洲100%的重型车、90%的轻型车均已采用柴油机。欧洲柴油轿车已占轿车年产量的32%，奥地利、法国、比利时、西班牙、意大利等国高达50%以上。其中法国和比利时为67%，奥地利则超过了70%。

欧洲卡车和公共汽车废气排放标准

标准等级	开始实施日期	CO	HC	NOx	PM	烟雾
欧洲1号	1992年，< 85 kW	4.5	1.1	8.0	0.612	无标准
	1992年，> 85 kW	4.5	1.1	8.0	0.36	无标准
欧洲2号	1996年10月	4.0	1.1	7.0	0.25	无标准
	1998年10月	4.0	1.1	7.0	0.15	无标准
欧洲3号	1999年10月（EEV）	1.0	0.25	2.0	0.02	0.15
	2000年10月	2.1	0.66	5.0	0.1	0.8
欧洲4号	2005年10月	1.5	0.46	3.5	0.02	0.5
欧洲5号	2008年10月	1.5	0.46	2.0	0.02	0.5
欧洲6号	2013年1月	1.5	0.13	0.5	0.01	

注：欧洲汽车废气排放标准，单位：克每千瓦时 g/kWh（烟雾 米-1 m-1）

图9-3　欧洲卡车和公共汽车废气排放标准

2.日本新能源汽车的产业化进程

日本是世界第三大经济体，也是世界汽车生产、消费和出口大国，但由于自然资源匮乏，石油、天然气等能源都依赖进口。长期以来，日本一直在努力减少对进口石油的依赖。所以日本作为汽车生产强国致力于发展新能源汽车，不仅可以降低汽油和柴油消耗，也是应对气候变化、减少二氧化碳排放的有效措施。从世界汽车工业格局看，同属亚洲地区的中国和韩国等国家的汽车工业的快速崛起，使日本汽车工业面临巨大的竞争压力，但其具有着汽车产业优势及较强的技术支撑，是其面对新的竞争环境、继续保持行业领先地位的有效途径。

图9-4 丰田汽车标志

日本汽车行业（图9–4）旨在通过发展新能源汽车，制定行业新标准，保持产业竞争优势，进一步探寻世界领先的能源环境解决方案，并通过创新促进需求，提高就业，促进经济增长，提高用户生活品质。日本长期坚持确保能源安全与提升产业竞争力的双重战略，通过制定国家目标引导电动汽车产业发展，同时高度重视技术创新。近年来，日本混合动力汽车增长迅猛，占主导地位。日本乘用车销量前十车型中，混合动力汽车位居第一位。日本新能源汽车产业政策起步早，优惠大，高额补贴促进新能源汽车销售井喷。

四、我国新能源汽车的产业现状

近20年，我国汽车产业发展迅猛，自主品牌汽车企业的总体技术水平已有较大提升。世界第一大汽车市场的产销规模奠定了技术发展基础，关键领域技术取得重大进展。由于起步晚、基础差等原因，目前我国还不是汽车强国，自主技术研发能力明显进步但仍存差距，技术创新体系初步形成仍未完善，技术升级受制于整体工业基础薄弱，所以诸多方面与传统汽车强国存在差距。经济发展、社会进步、产业变革都需要汽车技术的支撑。产业战略定位提出汽车技术加速发展需求，能源环境压力提出汽车技术绿色发展需求，交通安全升级提出汽车技术融合发展需求。汽车技术自身的复杂性与当前的外部机遇共同要求明确清晰的技术路线图。在科技变革影响下，汽车技术创新进入高度活跃时期，汽车产业迎来重大机遇，指向低碳化、信息化、智能化的新技术，汽车的新形式、新状态种类繁多，各国选取的技术路线各不相同。我们需要结合中国汽车产业与技术形式，明确中国汽车技术发展方向，制定科学合理清晰的技术路线具有至关重要的指导意义和深远价值。我国着眼于新能源汽车方面的企业主要有比亚迪、一汽、上汽、东风、长安五大汽车集团，其中发展最快的当属比亚迪集团（图9–5）。从我国国家产业政策规划来看，新能源汽车产业已成为我国未来经济发展中大力支持战略性新兴产业。

图9-5 比亚迪汽车标志

五、我国新能源汽车的发展战略和未来趋势

我国新能源汽车发展战略是要抓住战略机遇，以新能源汽车和智能网联汽车为主要突

破口，以动力系统优化升级为重点，以智能化水平提升为主线，以先进制造和轻量化等共性技术为支撑，全面推进汽车产业由大国向强国的历史转型。

发展新能源汽车，是全世界汽车业的共同目标。不同国家对发展新能源汽车的愿景是不同的，中国发展新能源汽车的愿景是“从汽车大国走向汽车强国”。不同国家发展新能源汽车的技术路线也是不同的。中国发展新能源汽车的技术路线与其他汽车强国是不同的：美系车企的技术路线主要是发展纯电动和增程式混合动力汽车；日韩系车企的技术路线主要是发展混合动力、纯电动和燃料电池汽车；德系车企技术路线主要是发展纯电动和插电式混动汽车；中国车企的技术路线是以发展纯电动和插电混合动力汽车为主，兼顾发展燃料电池汽车。

随着现代通信技术、人工智能、计算机、互联网技术的发展，智能化已经渗透进各个行业。汽车产业作为国民经济重要支柱产业，智能化是必然趋势。在部件智能化层面，动力驱动系统的智能化一直是研究的重点，电机的智能化控制，动力电池基于智能算法的状态估计，多模型融合的电池热管理系统，以及全气候应用电池等，将不断进步完善，为新能源汽车带来强劲的续航及动力性能。在整车及控制层面，融入了智能控制策略的制动能量回收以及混合动力能量管理将让新能源汽车更加节能，基于新型驱动形式汽车优势的稳定性控制、能量效率等将会受到更多的关注。基于新能源汽车平台的无人驾驶技术已经进入白炽化竞争阶段。新能源汽车从动力系统到人机交互系统都实现了电气化和电子化，更易实现物联网化，这为汽车的车联网系统智能化提供了最基本条件。智能交通的布局需要庞大的汽车信息，各国均积极部署大数据平台服务于政府和企业，针对新能源汽车所建设的大数据平台将会为新能源汽车的持续深入发展提供巨大助力。

六、典型的新能源汽车

1.混合动力汽车

混合动力是指那些采用传统燃料的，同时配以电动机/发动机来改善低速动力输出和燃油消耗的车型。按照能否外接充电可以分为插电式混合动力汽车(PHEV)和非插电式混合动车汽车(MHEV)。按照混合动力驱动混合度情况可以分为四种形式：微混合动力驱动汽车、轻混合动力驱动汽车、中混合动力驱动汽车、重混合动力驱动汽车。按照结构特点又可以分为并联式混合动力汽车、串联式混合动力汽车（又叫增程式电动）和混联式混合动力汽车。

（1）非插电式混合动力汽车

非插电式混合动车（图9-6）汽车的优点：

①采用混合动力后可按平均需用的功率来确定内燃机的最大功率，能在油耗低、污染少的最优工况下工作。内燃机功率不足时，可由电池来补充；负荷较少时，富余功率可给电池充电，由于内燃机可持续工作，电池又可以不断得到充电，故其行程和普通汽车一样。

②因为有了电池，可以十分方便地回收制动时、下坡时、怠速时的能量。

③在繁华市区，可关停内燃机，由电池单独驱动，实现“零”排放。

④有了内燃机可以十分方便地解决耗能大的空调、取暖、除霜等纯电动汽车遇到的难题。

⑤可以利用现有的加油站加油，不必再投资。

⑥可让电池保持在良好的工作状态，不发生过充、过放，延长其使用寿命，降低成本。

非插电式混合动车汽车的缺点：在长距离高速行驶时，非插电式混合动力汽车基本不能省油。

图9-6 非插电式混动汽车

图9-7 插电式混动汽车

（2）插电式混合动车（图9–7）汽车

插电式混合动车的优点：

①包含非插电式混合动车汽车的全部优点。

②拥有比非插电式混合动车汽车长得多的纯电续航里程，日常通勤可以做到完全纯电行驶。

插电式混合动车汽车的缺点：电量不足时驾驶感受会有所降低。

（3）微混合动力驱动汽车

这种混合动力系统在传统内燃机上的启动电机(一般为12 V)上加装了皮带驱动启动电机(也就是常说的Belt-alternator Starter Generator，简称BSG系统)。该电机为发电启动(Stop-Start)一体式电动机，用来控制发动机的启动和停止，从而取消了发动机的怠速，降低了油耗和排放。从严格意义上来讲，这种微混合动力系统的汽车不属于真正的混合动力汽车，因为它的电机并没有为汽车行驶提供持续的动力。其电机仅作为内燃机的起动机/发电机使用，对它管理的控制策略是，需要时（如遇到红灯车辆停止）使内燃机熄火，并当车辆再次行驶时，立即重新起动内燃机，以及制动时发电，实现制动能量回收。在微混合动力系统里，电机的电压通常有两种：12 V 和42 V。其中42 V主要用于柴油混合动力系统。微混合动力驱动汽车可实现5%~15%的节油效果，现在已普遍应用。

BSG轻混动系统

BSG启动/发电一体机

图9-8 BSG混动系统汽车

（4）轻混合动力驱动汽车

轻混合动力系统（图9–8）的电机可给内燃机提供辅助

的驱动力矩，但不能单独驱动车辆，这种系统同样具有制动能量回收、发动机熄火/重起动等功能，其电机、电池能力都比微混合大，作用也更强，使内燃机的功率可以减小一些。

Ricardo（一家国际汽车工程顾问公司），将电机功率不超过发动机最大功率10%的汽车定义为轻度混合动力驱动汽车。它的节油效果可达20%~25%，与微混合动力系统相比，轻混合动力系统除了能够实现用发电机控制发动机的启动和停止，还能够实现：在减速和制动工况下，对部分能量进行吸收;在行驶过程中，发动机等速运转，发动机产生的能量可以在车轮的驱动需求和发电机的充电需求之间进行调节。

轻混合动力系统的混合度一般在20%以下。

（5）中混合动力驱动汽车

中混合动力系统和轻混合动力系统一样，由燃油发动机提供动力，电动机只起到辅助作用。但中混合动力系统在特定情况下（如低速巡航）能够单独使用电动机驱动汽车。

与轻混合动力系统不同，中混合动力系统采用的是高压电机。另外，中混合动力系统还增加了一个功能：在汽车处于加速或者大负荷工况时，电动机能够辅助驱动车轮，从而补充发动机本身动力输出的不足，从而更好地提高整车的性能。这种系统的混合程度较高，可以达到30%左右，目前技术已经成熟，应用广泛。

（6）重混合动力驱动汽车

重混合动力系统中的发动机和电动机都能单独驱动车辆行驶。如丰田的THS混合动力系统就是混联式结构的重混合动力系统。使用THS系统的第三代普锐斯Hybrid（图9–9）采用的电动机最大功率达到60 kW，最大扭矩达到207 Nm，足以推动汽车低速行驶。

图9-9　第三代普锐

与中混合动力系统相比，重混合动力系统的混合度可以达到甚至超过50%。技术的发展将使得重混合动力系统逐渐成为混合动力技术的主要发展方向。

（7）并联式混合动力汽车（图9–10）

这一类混合动力车内有两套驱动系统，大多是在传统燃油车的基础上增加电动机、电池、电控而成，电动机与发动机共同驱动车轮。车内只有一台电机，驱动车轮的时候充当电动机，不驱动车轮给电池充电的时候充当发电机。

并联式混合动力系统是以发动机为主，电动机为辅，电动机一般无法单独驱动汽车。系统输出动力等于发动机与电动机输出动力之和，其中最为代表性的是本田IMA系统。

（8）串联式混合动力汽车（即增程式电动汽车）（图9–11）

串联式混合动力汽车只靠发电机行驶的电动汽车，配置的发动机输出的动力仅用于推动发电机发电，系统输出动力等于电动机输出动力。其中最出名的汽车有雪佛兰沃蓝达、宝马i3增程型等。

这一类混合动力汽车严格来说仍然是电动车，车内只有一套电力驱动系统，包括电机、控制电路、电池。增程型插电混合动力车的电动机直接驱动车轮，发动机则用来于驱动发电机给电池进行充电。因为发动机并不直接驱动车轮，因此也不需要变速箱。这相当

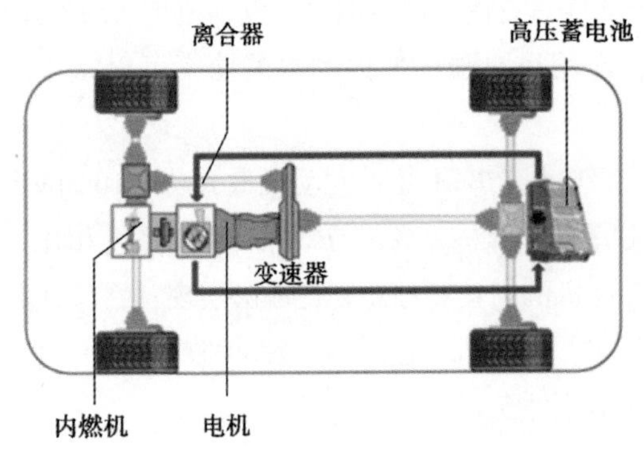

图9-10　并联式电动车原理

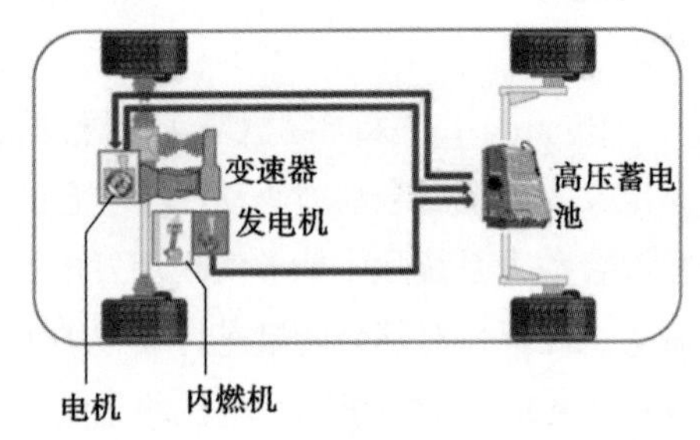

图9-11　串联式电动车原理

于在普通的电动车上装载了一台汽油/柴油发电机。串联式混合动力系统最接近于纯电动系统。

串联式混合动力汽车的优点：

①具有电动车的安静、起步扭矩大的优点，可以当纯电动车使用，在充电方便的条件下只充电、不加油，使用成本较低。

②相比其他混合动力模式，增程型混合动力可以不用变速箱，成本略有降低。由于带有发动机发电，只要有加油站就可以一直跑下去，在不方便充电的地方不会被迫拖车，解决基础设施不足的问题。

③因为发动机不直接驱动车轮，发动机转速和车轮转速、汽车速度没有直接关系，通过控制系统的优化，可以让发动机一直工作在最佳转速，即使在充电不便时，市内堵车路况下的油耗也比较低，发动机噪音也非常小。

串联式混合动力汽车的缺点：

①造成功率浪费。由于发动机和发电机并不直接驱动车轮，造成了这部分功率的浪费，而发动机和发电机带来的重量并不减少。

②在高速路况下，汽车的油耗反而偏高。这是因为高速路况下，如果发动机直接驱动车轮，可以一直工作在最佳工作模式，而增程式混合动力多了一个转换过程，转换本身要消耗能量，造成油耗反而偏高。

（9）混联式混合动力汽车（图9–12）

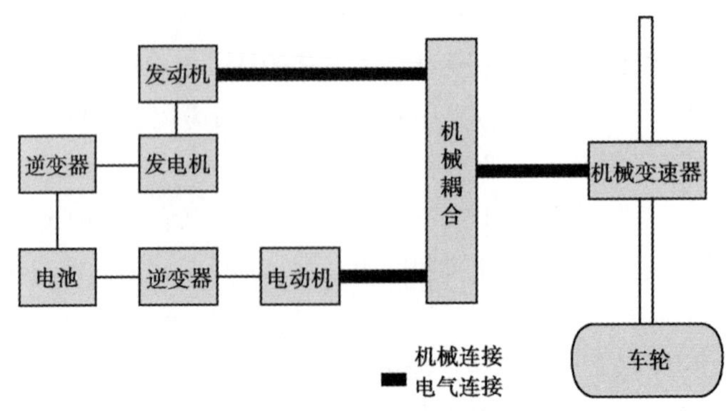

图9-12　混联式电动车原理

混联式混合动力汽车主要靠电动机行驶，发动机起辅助作用，电动机和发动机都能单独驱动汽车。由于系统中配置有独立发电机，因而系统输出的最大动力等于发动机、电动机以及充当电动机(部分情况)的发电机的输出动力之和。混联式系统结构复杂，但动力性能和燃油经济性都相当出色。

与并联式混合动力系统一样，这种模式也有两套驱动系统，但不同的是，混联式有两个电动机。一个电动机仅用于直接驱动车轮，还有一个电机具有双重角色：当需要极限性能的时候，充当电动机直接驱动车轮，整车功率就是发动机、两个电机的功率之和；当电力不足时，就充当发电机，给电池充电。混联式混合动力系统的发电机与发动机可以分别单独驱动车辆，独立的发电机使得系统输出动力大于发电机和发动机输出动力之和，其中最出名的为丰田的THS–II系统。

混联式混合动力汽车的优点：

①同时具有增程式和并联式的优点，在纯电模式下具有电动车安静、使用成本低的优点。

②在增程模式下，没有“里程焦虑”，而且发动机可以一直控制在最佳转速，油耗低，噪音小，振动小。

③在并联模式下，两台电动机、一台发动机可以一起工作，三者功率加起来具有非常好的起步和加速性能，是一种比较完美的组合。

混联式混合动力汽车的缺点：

①成本高。两台电动机、发动机、变速箱一个都不能少，配套的控制电路、电池、传动系统、油路也不能少，总体成本要高于其他类型的插电混合动力系统。因为要控制两个电动机和一台发动机，以及不同的工作模式，控制系统也相对复杂，成本略高。

②车的总质量比较大。

2.纯电动汽车

纯电动汽车（图9–13）顾名思义就是主要采用电力驱动的汽车，大部分车辆直接采用电动机驱动，其难点在电力储存技术。纯电动汽车本身不排放污染大气的有害气体。由于电力可以从多种一次能源获得，如煤、核能、水力、风力、光、热等，解除人们对石油资源日见枯竭的担心。电动汽车还可以充分利用晚间用电低谷时的富余电力充电，使发电设备日夜都能充分利用，大大提高其经济效益。对于电动车而言，目前最大的障碍就是基础设施建设以及价格影响了产业化的进程，与混合动力相比，电动车更需要基础设施的配套。

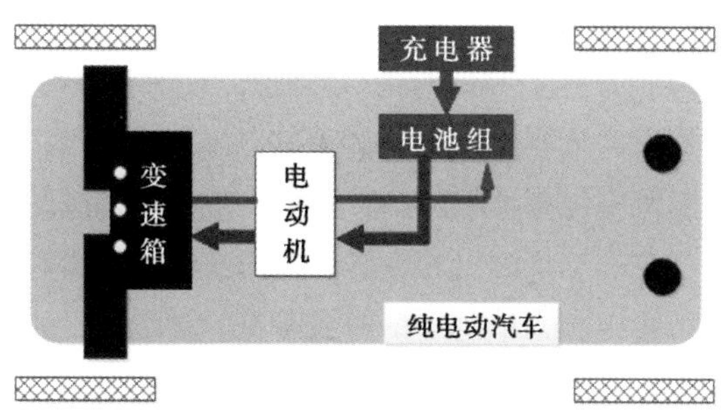

图9-13　纯电动汽车原理

纯电动汽车的优点:技术相对简单成熟，只要有电力供应的地方都能够充电。

纯电动汽车的缺点: 蓄电池单位质量储存的能量太少，因电动车的电池较贵，故购买价格较贵。

3.燃料电池汽车

燃料电池汽车（图9-14）是指以氢气、甲醇等为燃料，通过化学反应产生电流，依靠电动机驱动的汽车。其电池的能量是通过氢气和氧气的化学作用，而不是经过燃烧，直接变成电能的。燃料电池的化学反应过程不会产生有害产物，因此燃料电池车辆是无污染汽车，燃料电池的能量转换效率比内燃机要高2~3倍，因此从能源的利用和环境保护方面，燃料电池汽车是一种理想的车辆。

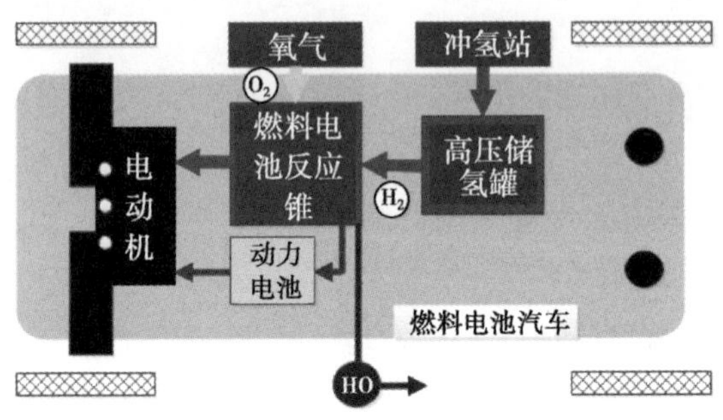

图9-14 燃料电池汽车原理

近几年来，燃料电池技术已经取得了重大的进展。燃料电池轿车的样车正在进行试验，以燃料电池为动力的运输大客车在北美的几个城市中正在进行示范项目。在开发燃料电池汽车中仍然存在着技术性挑战，如燃料电池组的一体化，提高商业化电动汽车燃料处理器和辅助部汽车制造厂都在朝着集成部件和减少部件成本的方向努力，并已取得了显著的进步。

与传统汽车相比，燃料电池汽车具有以下优点：

①零排放或近似零排放。

②减少了机油泄漏带来的水污染。

③降低了温室气体的排放。

④提高了燃油经济性。

⑤提高了发动机燃烧效率。

⑥运行平稳、无噪声。

（1）氢动力汽车

氢动力汽车是一种真正实现零排放的交通工具，排放出的是纯净水。氢动力汽车具有无污染、零排放、储量丰富等优势，因此，它是传统汽车最理想的替代方案。与传统动力汽车相比，氢动力汽车的成本至少高出20%。中国长安汽车在2007年完成了中国第一台高效零排放氢内燃机点火，并在2008年北京车展上展出了自主研发的中国首款氢动力概念跑车“氢程”。

以氢气为汽车燃料这种说法刚出来时吓人一跳，但事实上它是有根据的。氢具有很高的能量密度，释放的能量足以使汽车发动机运转，而且氢与氧气在燃料电池中发生化学反应只生成水，没有污染。因此，许多科学家预言，以氢为能源的燃料电池是21世纪汽车的核心技术，它对汽车工业的革命性意义，相当于微处理器对计算机业那样重要。

氢动力汽车的优点：排放物是纯水，行驶时不产生任何污染物。

氢动力汽车的缺点：氢燃料电池成本过高，而且氢燃料的存储和运输的技术条件非常困难，因为氢分子非常小，极易透过储藏装置的外壳逃逸。另外最致命的问题，氢气的提取需要通过电解水或是利用天然气，同样需要消耗大量能源，除非使用核电来提取，否则无法从根本上降低二氧化碳排放。

（2）甲醇动力汽车

很多年前，已经有科学家预言——世界上终有这么一天，用水就可以驱动汽车。虽然现今还未实现用水驱动汽车，但以水中的氢气作为动力来源的科技却已经变为现实，来自日本的“丰田”汽车，就成功研制出一辆通过氢和氧化学反应而进行发电的新一代电动汽车，取名为FCEV。

FCEV（英文Fuel Eiectric Vehicle的缩写）的中文名称正确应该是甲醇型燃料电池电动汽车。顾名思义，FCEV的主要燃料就是甲醇（具有毒性，为工业酒精中的杂质之一，饮入少量即可致盲）。在FCEV汽车上，仍旧保留油缸，但注入的不是汽油，而是甲醇，在引擎室内，则安装了由蒸发部、调整部及减少一氧化碳等三个部分组成的甲醇调整器，当燃料泵将甲醇（CH_3OH）和水（H_2O）的混合液体从油缸送至调整器时，在蒸发部加热会使其变为蒸汽，再在调整部经催化剂作用下，就成氢（H_2）和二氧化碳（CO_2）气体，此时，微量的有害一氧化碳（CO）气体会经过减少一氧化碳部被消减，最后，只剩下氢气及二氧化碳被送到燃料电池的氢极，经过化学反应而成为电能。就这样，甲醇就可不断通过调整器而变成电能，从而驱动汽车行驶。

这种甲醇动力汽车（图9-15）的优点首先是环保性强，经反复测试显示，它的二氧化碳排放量只达到普通汽车的二分之一以下，至于一氧化碳、碳氢化合物、氮氧化合物等有害物质的排放量虽然还未到零的地步，但已经达到非常低的指数。另外，甲醇成本比汽油要低得多，加满一次即可连续行车四、五百公里。而且最难得的是，FCEV无须改装油缸，简单经济，具有很大的发展潜力。

图9-15　吉利甲醇轿车

4.其他新能源汽车

（1）燃气汽车

燃气汽车（图9-16）是指用压缩天然气(CNG)、液化石油气(LPG)和液化天然气(LNG)作为燃料的汽车。燃气汽车由于其排放性能好，运行成本低、技术成熟、安全可靠，所以被世界各国公认为当前最理想的替代燃料汽车。

图9-16　燃气汽车

天然气仍然是世界汽车代用燃料的主流，在我国代用燃料汽车中占到90%左右。美国的目标是，2010年，公共汽车领域有7%的汽车使用天然气，50%的出租车和班车改为专用天然气的汽车；2010年，德国天然气汽车数量将达到10万至40万辆，加气站将由180座增加到300座。

业内专家指出，替代燃料的作用是减轻并最终消除由于石油供应紧张带来的各种压力以及对经济发展产生的负面影响。中国将主要用压缩天然气、液化气、乙醇汽油作汽车的替代燃料。汽车代用燃料能否扩大应用，取决于中国替代燃料的资源、分布、可利用情况，替代燃料生产与应用技术的成熟程度以及减少对环境污染等；替代燃料的生产规模、投资、生产成本、价格决定着其与石油燃料的竞争力。以燃气替代燃油将是中国乃至世界汽车发展的必然趋势。

（2）乙醇动力汽车

乙醇俗称酒精，通俗些说，使用乙醇为燃料的汽车，也可叫酒精汽车。用乙醇代替石油燃料的历史已经很长，无论是从生产上和应用上的技术都已经很成熟，由于石油资源紧张，汽车能源多元化趋向加剧，乙醇汽车又被重新提出。

世界上已有40多个国家不同程度的应用乙醇汽车，有的已达到较大规模的推广，乙醇汽车的地位日益提升。

在汽车上使用乙醇，可以提高燃料的辛烷值，增加氧含量，使汽车缸内燃烧更完全，可以降低尾气的害物的排放。

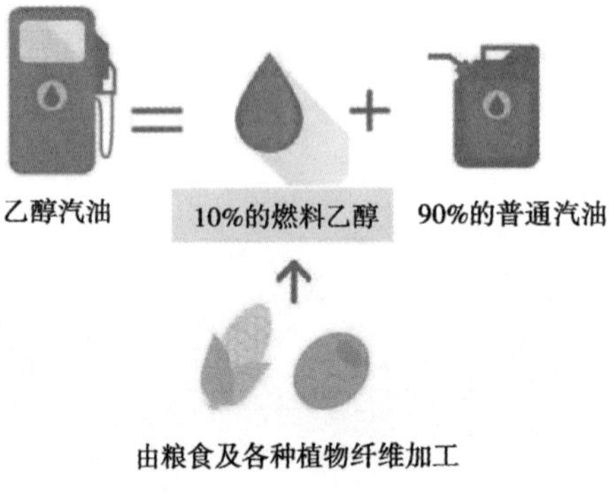

乙醇汽油 = 10%的燃料乙醇 + 90%的普通汽油

由粮食及各种植物纤维加工

图9-17　乙醇燃料

乙醇汽车的燃料（图9–17）应用方式有：

①掺烧，指乙醇和汽油掺合应用。在混合燃料中，乙醇和容积比例以“E”表示，如乙醇占10%，15%，则用E10，E15来表示，掺烧方式在乙醇汽车中占主要地位。

②纯烧，即单烧乙醇，可用E100表示，其应用并不多，属于试行阶段。

③变性燃料乙醇，是指乙醇脱水后，再添加变性剂而生成的乙醇，这也是处试验应用阶步。

④灵活燃料，指燃料既可用汽油，又可以使用乙醇或甲醇与汽油比例混合的燃料。目前福特、丰田汽车均在试验灵活燃料汽车。

（3）生物柴油汽车

柴油作为一种重要的石油炼制产品，在各国燃料结构中占有较高的份额。随着世界范围内车辆柴油化趋势的加快，未来柴油的需求量会愈来愈大，而石油资源的日益枯竭和人们环保意识的提高，大大促进了世界各国加快柴油替代燃料的开发步伐。尤其是进入了20

世纪90年代后，生物柴油（图9–18）以其优越的环保性能受到了各国的重视。

图9-18　生物柴油

生物柴油(Biodiesel)是指以油料作物、野生油料植物和工程微藻等水生植物油脂以及动物油脂、餐饮垃圾油等为原料油通过酯交换工艺制成的可代替石化柴油的再生性柴油燃料。生物柴油是生物质能的一种，它是生物质利用热裂解等技术得到的一种长链脂肪酸的单烷基酯。生物柴油是含氧量极高的复杂有机成分的混合物，这些混合物主要是一些分子量大的有机物，几乎包括所有种类的含氧有机物，如：醚、酯、醛、酮、酚、有机酸、醇等。

众所周知，柴油分子是由15个左右的碳链组成的，研究发现植物油分子则一般由14～18个碳链组成，与柴油分子中碳链数相近。因此生物柴油就是一种用油彩籽等可再生植物油加工制取的新型燃料。与常规柴油相比，生物柴油下述具有无法比拟的性能。

①具有优良的环保特性。主要表现在由于生物柴油中硫含量低，使得二氧化硫和硫化物的排放低，可减少约30%（有催化剂时为70%）；生物柴油中不含对环境会造成污染的芳香族烷烃，因而废气对人体损害低于柴油。

②具有较好的低温发动机启动性能。

③具有较好的润滑性能。使喷油泵、发动机缸体和连杆的磨损率降低，使用寿命长。

④具有较好的安全性能。由于闪点高，生物柴油不属于危险品。因此，在运输、储存、使用方面的优点是显而易见的。

⑤具有良好的燃料性能。其燃烧性好于柴油，燃烧残留物呈微酸性，使催化剂和发动机机油的使用寿命加长。

⑥具有可再生性能。作为可再生能源，供应量不会枯竭。

（4）太阳能汽车

图9-19　太阳能电动车

电动车是一种以电力为能源的车子，一般使用铅酸电池或是锂离子电池进行供电，而太阳能电动车（图9–19）是在此基础上，将太阳能转化成电能对车进行供电的，在很大程度上降低了电动车的使用成本，而且非常环保，是真正的绿色能源汽车。

太阳能汽车的优点：

①节约能源。太阳能汽车的能源来自太阳，取之不尽，用之不竭，是一种非常节能的汽车。

②能源利用率高。太阳能汽车很少通过齿轮机构传递能量，可以防止能量消耗。同时驱动电机的能量利用率非常高，可达到98%。

③减少环境污染。太阳能汽车消耗的能量是电能，不产生废气，这样就减少了大气中的一氧化碳、碳氢化合物的含量，也大大减少了二氧化碳的含量。

④灵活，操控性好。由于太阳能汽车中很多部件都是电子部件，所以可以保证其有很好的操作性。

⑤太阳能汽车的结构简单，易保养。除了定期更换蓄电池以外，基本上不需要日常保养，省去了传统汽车必须经常更换机油、添加冷却水等定期保养的烦恼。

太阳能汽车的缺点：

太阳能汽车真正走进大众生活，还有很多难题需要解决，比如太阳能的采集及转换技术，太阳能汽车造价太高，最大功率跟踪技术和蓄电池充放电技术等问题。

任务二　智能网联汽车

一、智能网联汽车的定义

智能网联汽车，即ICV（Intelligent Connected Vehicle），是车联网与智能车的有机联合，是搭载先进的车载传感器、控制器、执行器等装置，并融合现代通信与网络技术，实现车与人、车、路、后台等智能信息交换共享，实现安全、舒适、节能、高效行驶，并最终可替代人来操作的新一代汽车。

根据我国《智能网联汽车技术路线图》的解释（图9-20），智能网联汽车具有两个层面：一是智能化，二是网联化。在智能化层面，汽车配备了多种传感器（摄像头、超声波雷达、毫米波雷达、激光雷达），实现对周围环境的自主感知，通过一系列传感器信息识别和决策操作，汽车按照预定控制算法的速度与预设定交通路线规划的寻径轨迹行驶。在网联化层面，车辆采用新一代移动通信技术（LTE-V、5G等），实现车辆位置信息、车速信息、外部信息等车辆信息之间的交互，并由控制器进行计算，通过决策模块计算后控制车辆按照预先设定的指令行驶，进一步增强车辆的智能化程度和自动驾驶能力。

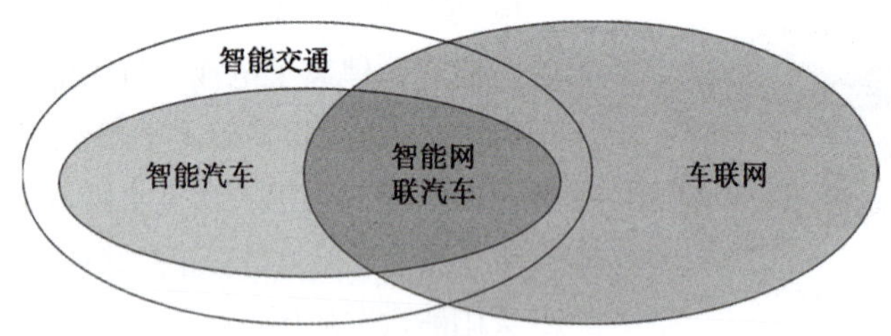

图9-20　智能网联汽车的概念关系

二、智能网联汽车的技术架构和组成

1.智能网联汽车的技术架构

在智能网联汽车技术架构方面，2016年《节能与新能源汽车技术路线图》提出了智能网联汽车“三横两纵”技术架构（图9-21）。“三横”是指智能网联汽车涉及的车辆/设施、信息交互与基础支撑三大技术，“两纵”是指支撑智能网联汽车发展的车载平台以及

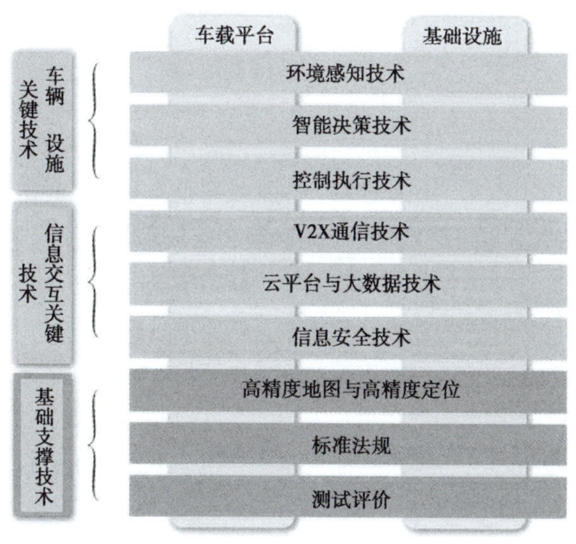

图9-21　三横两纵”技术架构

基础设施条件。其中基础设施是指除了车载平台外，支撑智能网联汽车发展的所有外部环境条件，如道路、交通、通信网络等。智能网联汽车需要车路协同、车路一体化，在智能网联汽车推动下，道路等基础设施将逐渐向电子化、信息化、智能化方向发展。

2.智能网联汽车的组成

智能网联汽车智能驾驶的核心技术由环境感知层、智能决策层、控制和执行层组成。

（1）环境感知层

环境感知层的主要功能是通过车载环境感知技术、卫星定位技术、4G/5G及V2X无线通信技术等，实现对车辆自身属性和车辆外在属性（如道路、车辆和行人等）静、动态信息的提取和收集，并向智能决策层输送信息。

（2）智能决策层

智能决策层的主要功能是接收环境感知层的信息并进行融合，对道路、车辆、行人、交通标志和交通信号等进行识别，决策分析和判断车辆驾驶模式和将要执行的操作，并向控制和执行层输送指令。

（3）控制和执行层

控制和执行层的主要智能是根据智能决策层的指令对车辆进行操作和协调，为联网车辆提供道路交通信息、安全信息、娱乐信息、救援信息、商务办公信息、在线消费信息等，以保护汽车安全、舒适驾驶。比较传统车辆，智能网联汽车在功能上主要增加了环境感知和定位系统、无线通信系统、车辆自组织网络系统和先进的驾驶辅助系统。

三、智能网联汽车的发展背景

目前，美国、欧洲、日本等发达国家和地区也已将智能网联汽车作为汽车产业未来发展的重要方向，加快产业布局。跨国汽车企业已经实现了一些L2级自动驾驶汽车的批量生产。一些高端品牌率先推出L3级自动驾驶汽车，以谷歌为代表的新技术力量也在积极进行全自动驾驶技术L4级、L5级的开发和测试。

为与国际先进智能网联汽车技术水平保持同步发展，开发具有自主知识产权的智能网联汽车产品和技术，积极推进行业亟需的智能网联汽车技术规范与标准，在国家相关部委支持下，2013年，中国汽车工程学会联合包括汽车整车企业、科研院所、通信运营商、软硬件厂商等30多家单位共同发起成立“车联盟产业技术创新战略联盟”，2015年7月更名为“智能网联汽车产业技术创新战略联盟”。联盟成立后，通过协同创新和技术共享，在智能网联汽车领域完善相关的标准法规体系，搭建共性技术平台，促进形成示范试点工程，推动建设可持续发展的智能网联汽车产业发展环境，为我国智能网联汽车产业发展奠定良好基础。中国汽车工程学会副秘书长、智能网联汽车产业技术创新战略联盟副秘书长公维洁表示，联盟的成立也为各单位智能汽车的技术研发和共享提供了平台，节约了我国智能汽车研发的时间和成本。

北汽、一汽、长安、比亚迪等汽车厂商也已在无人驾驶汽车这一领域深耕多年。2015年，乐视、蔚来、车和家、智车优行、小鹏汽车等一批国内互联网企业也纷纷跟进。“将传统优势和前沿优势结合起来能加快汽车产业的发展。”工业和信息化部部长苗圩此前表示，鼓励非传统汽车产业的企业与当下的汽车制造商开展合作，促进创新，增强竞争。

四、智能网联汽车的发展现状

经过几年的发展，智能网联汽车产业链形态已初步清晰，形成上游—软硬件供应商、中游—整车企业、下游—出行/信息服务提供商的完整产业链。国内政策不断完善，智能网联汽车发展呈现出多元竞争的发展环境。海外机构、企业在智能网联汽车研究程度和宽度也在不断深入拓宽，政府支持力度也在进一步完善。

1.国内

2016年，工信部组织行业加紧制定智能网联汽车的发展战略、技术路线图和标准体系，交通运输部在实行“两客一微”车辆管理方面也已经为智能交通管理积累了丰富经验。

2018年3月1日，由上海市经信委、市公安局和市交通委联合制订的《上海市智能网联汽车道路测试管理办法(试行)》正式发布，全国首批智能网联汽车开放道路测试号牌发放。上汽集团和蔚来汽车拿到本市第一批智能网联汽车开放道路测试号牌，当天下午，两家公司研发的智能网联汽车就从位于嘉定的国家智能网联汽车（上海）试点示范区科普体验区（E-Zone）发车，在博园路展开首次道路测试。

2018年12月，天津市交通运输委、市工业和信息化局和市公安局联合启动天津市智能网联汽车道路测试，天津市西青区和东丽区开放了首批智能网联测试道路。同时，天津卡达克数据有限公司和北京百度网讯科技有限公司获得了天津市首批路测牌照。

当前我国智能网联汽车发展存在“四大机遇”和“五大挑战”。“四大机遇”主要是指：一是时间机遇。全球处于智能网联汽车商业化起步期。二是空间机遇。供给侧结构性改革和巨大的中国汽车市场。三是制度机遇。我国在统筹解决法规、法律、基础设施、监管上更有优势。四是信息化技术机遇。我国互联网、人工智能、通信技术相对领先。“五大挑战”在于：一是尚未形成国家层面的智能网联汽车发展战略，缺乏大型国家项目支撑；二是我国智能汽车领域的基础技术还比较薄弱，核心技术仍落后于世界先进水平；三是中国零部件企业相对弱小，行业缺乏有效协同研发机制；四是中国虽有强大的互联网产业基础，但信息产业与汽车的融合层次较浅；五是智能网联汽车标准法规及设施建设较落后。

2.国外

(1)美国

美国将发展智能网联汽车作为美国发展智能交通系统的一项重点工作内容，通过制定国家战略和法规，引导产业发展。早在2013年，美国公路交通安全管理局就发布了《关于自动驾驶仪车辆控制政策的初步意见》，并制定了支持自动驾驶技术发展和推广的自动驾驶考试标准。2016年9月，为有效利用技术变化提供指导，美国交通部发布了一项《联邦自动驾驶汽车政策》，为自动驾驶安全部署提供政策监管框架。2017年9月，发布了一项车辆升级与驾驶政策《自动驾驶系统：安全愿景2.0》，该政策不仅被业界视为自动驾驶汽车发展的指导方针，而且代表了联邦政府对自动驾驶的态度。2017年9月，美国众议院还一致通过了《自动驾驶法案（SELF DRIVE ACT，H.R.3388）》。2018年10月，最新发布的《未来交通准备：自动驾驶3.0》表明美国运输部将努力消除妨碍自主车辆发展的政策和法规，并支持将自主车辆纳入整个运输系统。2011年，内华达州率先通过了自动驾驶汽车管理规则，解决了州公路上自驾汽车的路试问题。2012年9月，加州出台了自动驾驶的汽车驾驶法规。随后，包括佛罗里达州、哥伦比亚特区和密歇根州在内的数十个州颁布了数十项自主车辆交通政策和法规。2018年2月底，加州再次放宽了允许无人驾驶汽车方向盘后面的人在路上行驶的政策，本规定自2018年4月2日起已经开始施行。

（2）日本

日本较早开始研究智能交通系统，政府积极发挥跨部门协同作用，推动智能网联汽车项目实施。在2017年的官民ITS构想及线路图中，日本就明确了自动驾驶技术的推广计划：2020年左右实现高速公路上的L3自动驾驶、L2自动驾驶和特定区域的L4自动驾驶，到2025年，将实现高速公路上的L4自动驾驶。2018年3月，日本政府在“未来投资会议”上提出了《自动驾驶相关制度整备大纲》，明确了L3级汽车驾驶事故责任的定义。2018年9月，国土交通省正式发布《自动驾驶汽车安全技术指南》，规定了L3和L4自动驾驶汽车必须满足的安全条件。

（3）欧盟

欧盟支持智能网联汽车的技术创新和成果转化，在世界保持领先优势。通过发布一系列政策，以及自动驾驶路线图等，推进智能网联汽车的研发和应用，引导各成员国智能网联汽车产业发展。欧盟于2012年颁布法规，要求所有商用车在2013年11月之前安装AEB紧急自动刹车系统。自2014年起，在欧盟市场销售的所有新车都必须配备AEB，没有该系统的车辆不符合E-NCAP五星级安全认证。

（4）英国

英国政府设立了2亿英镑的特别基金促进英国自动驾驶技术的研究、开发和部署。2017年2月，英国政府颁布了《汽车技术与航空法》，2017年8月，英国交通部和国家基础设施保护中心发布了《联网和自主车辆网络安全的关键原则》。

（5）法国

早在2014年，法国就公布了自动驾驶汽车的路线图。政府将在未来三年投资1亿欧元测试自动驾驶汽车。2016年8月，法国通过了一项法令，允许对自动驾驶汽车进行道路试验，但对试验路段和试验等级有明确要求。随后，法国将自动启动“人工智能发展计划”和“促进增长和企业变革行动计划”，推动自动驾驶技术的发展。

五、智能网联汽车未来的发展趋势

智能网联产业是汽车、电子、信息、交通、定位导航、网络通信、互联网应用等行业领域深度融合的新型产业，是全球创新热点和未来发展的制高点。中国汽车技术发展方向必定是“四化”——电动化、智能化、共享化、网联化。

智能网联汽车产业未来有四大发展趋势，一是产业层面：将从制造行业单线条到多产业链深度融合；二是供应层面：汽车产品可扩展性增强，主机厂从制造向出行服务升级；三是服务层面：形成以车联网为服务载体的生态服务体系；四是人车关系：汽车由出行工具进化为移动智慧伙伴。

从国家战略来看，当前我国已将智能网联汽车与节能汽车、新能源汽车并列作为我国汽车产业发展的重要战略方向。大力发展智能网联是深化供给侧结构性改革，推动新旧动能持续转换，建设制造强国、质量强国、网络强国、数字中国的重要支撑，是培育经济发展新动能的重要引擎。我国“政府+市场”型发展模式下的新能源汽车产业，已经预见到5-10年内的技术变革，新能源、可再生能源和电动车是性价比的两个拐点，都会在2020—2025年实现，2025年后实现跨越式发展。经过一段时间的技术快速迭代与市场孕育进程，智能网联汽车产业发展关键节点也将在2020—2030年得以实现。

从行业发展来看，市场疲软、消费需求升级、共享出行刺激可以看作是汽车产业变革的内因；而外因则是经济的转型升级、技术变革以及移动互联网红利见顶后新增长极的挖掘。内外因共同助力下，车联网将成为驱动变革的新引擎。汽车接棒智能手机，成为新技术应用的重要载体，车联网作为万物互联极为重要的一环有望迎来机遇性发展。

从消费者需求来看，智能网联汽车需要从消费者视角出发，符合用户情感化、便捷化以及一体化需求。

总之，车联网的不断发展会让我们的出行生活变得更加安全、智能、便利、有趣，但目前各车机厂商或车联网服务商的服务层次与能力还存在较大差异，整体的车联网服务水平同样有待提升。

项目小结

1.新能源汽车包括：混合动力汽车（HEV)、纯电动汽车（BEV）、燃料电池汽车（FCEV）、及其他能源电池汽车。

2.交通能源消耗是造成局部环境污染和全球温室气体排放的主要来源之一。随着环境和能源双重压力的持续增大，新能源汽车已成为未来汽车工业发展的方向。

3.汽车新能源主要包括：天然气、液化石油气、醇类燃料、二甲醚、生物柴油、氢气、太阳能等。

4.智能网联汽车是指车联网与智能车的有机联合，是搭载先进的车载传感器、控制器、执行器等装置，并融合现代通信与网络技术，实现车与人、车、路、后台等智能信息交换共享，实现安全、舒适、节能、高效行驶，并最终可替代人来操作的新一代汽车。

5.智能网联汽车智能驾驶的核心技术由环境感知层、智能决策层以及控制和执行层组成。

6.智能网联产业是汽车、电子、信息、交通、定位导航、网络通信、互联网应用等行业领域深度融合的新型产业，是全球创新热点和未来发展的制高点。中国汽车技术发展方向必定是“四化”——电动化、智能化、共享化、网联化。

思考与练习

简答题

1.简述新能源汽车的定义。

2.简述新能源汽车的分类。

3.简述新能源汽车的主要发展趋势。

4.列举世界上比较著名的10种新能源汽车。

5.简述智能网联汽车的定义。

6.简述我国新能源汽车的现状。

7.简述智能网联汽车的四大发展趋势。

参考文献

[1] 包丕利. 汽车文化 [M]. 北京：清华大学出版社，2014.

[2] 韩永刚. 汽车文化 [M]. 北京：电子工业出版社，2012.

[3] 刘学明. 汽车文化 [M]. 北京：高等教育出版社，2014.

[4] 屠卫星. 汽车文化 [M]. 北京：人民交通出版社，2014.

[5] 帅石金. 汽车文化 [M]. 北京：中央广播电视大学出版社，2011.